WJS CORSO

WJS

Friedrich Prinz

Ludwig II.
Ein königliches Doppelleben

CORSO bei Siedler

Inhalt

Widersprüche und Mißverständnisse

Kann man ihn auf einfache, eindeutige Umrisse reduzieren? Bekannt ist die Floskel vom »Märchenkönig«; aber sein Leben war mehr ein Alptraum als ein Märchen. Daneben stehen die eher gemütvollen als aufschlußreichen Versuche, ihn zum Opfer seiner Zeit zu machen; aber wenn er sich auch immer wieder gegen die »traurige Gegenwart« und das ihm »sehr zuwidere 19. Jahrhundert« aussprach, so blieb er doch in unverkennbarer Weise ein Kind dieses Säkulums, dessen Neigungen und Moden er verkörperte, ja zelebrierte und auf fast modern anmutende Weise für seine eigenen verschlüsselten Botschaften benutzte. Sollte es nichts als Zufall sein, daß einer der großen Repräsentanten jener Epoche, der trunkene Bohèmien Verlaine, gerade Ludwig II. in einem Gedicht als den letzten wahren König feierte?

Befreit von den Vereinfachungen und Verharmlosungen der Legende, entzieht sich das Vexierbild seiner Persönlichkeit jeder klaren Umschreibung. Er war der König eines florierenden Landes und doch ein Mann ohne Macht. Er war lange Jahre der verehrte Monarch eines Volkes, für das er schließlich kaum mehr als Verachtung übrig hatte. Er war von argwöhnischer Empfindlichkeit, gefühlsbesessen, ja ausschweifend in seinem Schwärmertum, sentimental bis zum Kitsch, und doch bisweilen von einer Gefühlsrohheit und schneidenden Kälte, die seine Umgebung schockierte. Er liebte die höfisch erstarrten Umgangsformen, die ganze verschnörkelte Welt des französischen Absolutismus ebenso wie die ungeschlachten Figuren der germanischen Sage. Er produzierte sich wie ein Schauspieler ohne Publikum und auf leerer Bühne. Er war modern in seiner Altertümlichkeit und altertümlich mit allen Mitteln der Moderne, weshalb er es nicht verschmähte, sich am Fuß der Alpen ein märchenhaftes Ritterschloß zu bauen, dessen Wasserversorgung mit Hilfe eines Siemensschen Elektromotors gesichert war.

Dennoch: Geben wir ihn nicht vorschnell einem Bild reinen Widerspruchs anheim. Gewiß ist jedenfalls: Man hat es mit einer von Mißverständnissen umstellten Persönlichkeit zu tun. Nüchternheit ist vonnöten, aber auch die entschiedene Verteidigung des Königs gegenüber geläufigen Bewertungen. Genau dies soll hier versucht werden.

Vom Königskind zum Monarchen

War es nichts als ein symbolträchtiger Zufall, daß Ludwig II. das Licht der Welt am gleichen Tag erblickte wie neunundfünfzig Jahre zuvor sein Großvater, König Ludwig I., nämlich am 25. August 1845? In mancherlei Hinsicht waren sie einander ähnlich. Beide besaßen Phantasie und Liebe zur Kunst, beide litten unter der – ihrer Meinung nach – unzulänglichen Macht konstitutionellen Königtums, und beide entwikkelten eine fast monomane Bauleidenschaft, wenn auch in sehr verschiedener Absicht. Sie mochten einander und teilten insgeheim die kühle Distanz zu Sohn und Vater, nämlich zu Maximilian II., auf dessen nüchterne Strenge sie mit Fremdheit blickten.

Fremdheit ist ein Grundzug von Ludwigs Leben, früh auftauchend und nie wieder verschwindend. Von zarter Gesundheit und lebhafter Empfindung, fand er auch zu seiner Mutter kaum Zugang; ihre preußische Verhaltenheit und immer wache Selbstbeherrschung stießen ihn ab, ja, er verachtete sie, warf ihr vor, daß sie das wirklich Schöne und Geistreiche nicht erkenne. Dabei war die ausnehmend schöne Königin, der Ludwig zweifellos sein stattliches Aussehen verdankte, nur kritisch gegenüber den Überspanntheiten ihres Sohnes. Ihre Nüchternheit und ihr praktischer Sinn, gepaart mit ihrer Ironie, trafen ihn immer wieder tief. Aber auch politisch war sie den Interessen des Hauses Hohenzollern mehr zugetan, als man am Münchener Hofe ertragen konnte, und Ludwig ließ es sich angelegen sein, die ohnehin vorhandenen Animositäten in diesem heiklen Punkte noch zu schüren.

Seinen drei Jahre jüngeren Bruder Otto dagegen, dessen unglückliches Leben in Umnachtung enden sollte, liebte Ludwig sehr, achtete allerdings schon von früher Jugend darauf, daß dieser ihm als dem Kronprinzen Gehorsam leistete. Ließ es Otto daran fehlen, konnte der ältere Bruder überraschend roh werden. Während der Jüngere ein ausnehmend hübscher blonder Knabe war, blieb Ludwig lange Zeit blaß und unscheinbar, bis sich mit dem siebzehnten Lebensjahr der hochaufgeschossene Jüngling mit den dunklen Augen voll entfaltete. Bald darauf, bei seiner unvermutet frühen Thronbesteigung, erweckte er als schöner junger Mann Sympathie.

Sein Wesen indessen, tagträumerisch und eigensinnig, fand nie den Beifall des Vaters, der –

Anders als zahlreiche Repräsentationsgemälde, auf denen Ludwig II. im erstarrten Pathos der Gala-Uniform erscheint, zeigt dieses Bild ihn als jungen Gentleman – zivil und gewinnend, wie er auch wirklich sein konnte. Man spürt etwas Bohèmehaftes, eine Neigung zum Künstlertum, aber auch jene Verletzlichkeit, die sein von Menschenscheu und Einsamkeit geprägtes Leben bestimmen sollte.

wie er selbst gestand – am liebsten Professor geworden wäre. Als wissenschaftlicher Kopf störte ihn Ludwigs schwärmerisches Temperament. Als man den König einmal bat, er möge seinen Sohn doch auf seine Morgenspaziergänge in den Englischen Garten mitnehmen, äußerte Maximilian: »Was soll ich mit dem jungen Herrn sprechen? Es interessiert ihn nichts, was ich anrege.«

Es war keineswegs einfach Mißgelauntheit, was darin zum Ausdruck kam, sondern eine Wesensverschiedenheit, die nach Ludwigs Regierungsantritt auch im Politischen deutlich zutage trat. War es Maximilians Gewohnheit gewesen, seine Politik durch den Rat bedeutender Forscher wie Justus von Liebig und Wilhelm Heinrich Riehl gleichsam zu verwissenschaftlichen, entwickelte Ludwig II. schon ein Jahr nach der Krönung eine unverkennbare Abneigung gegenüber solchen Bestrebungen. Schon damals träumte er von der Herrscherherrlichkeit des Ancien Régime, die es in dieser Form kaum je gegeben hat. Und während der Vater mittels seiner Regierungspräsidenten und deren Untergebenen ein dichtes Netz von Informationen über die Stimmung im Lande aufgebaut hatte – zeitlebens nämlich plagte ihn die Sorge vor der Wiederkehr der Revolution –, schloß sich der Sohn mehr und mehr vom Volk ab, bis ihm dieses zuletzt recht gleichgültig war. Sein gelegentlicher, forciert jovialer Umgang mit einfachen Leuten unterstrich diese Fremdheit nur. Die patriotischen Erziehungspläne, die Maximilian für seine Bayern gehegt hatte, ließen ihn kalt; dafür begeisterte ihn der maskeradenhafte Prunk des Ordens der »Georgiritter«, den er als exklusive Gesellschaft zwar nicht gestiftet, aber durch großzügige Förderung und Ausgestaltung des pseudohistorischen Zeremoniells zu neuem Leben erweckt hatte. Das entsprach mit innerer Folgerichtigkeit seiner wachsenden Politikferne, seiner Allergie gegen das, was er verächtlich »Staatsfadaisen« nannte.

Das war nicht ungefährlich. Denn seit 1862 entfaltete der preußische Ministerpräsident und Außenminister Otto von Bismarck eine konsequente Hegemonialpolitik innerhalb Deutschlands, die sich mehr und mehr gegen die traditionelle Präsidialmacht Österreich richtete und die deutschen Mittelstaaten, Bayern voran, in Zugzwang brachte: Welcher der beiden deutschen Großmächte sollten sie sich anschließen? Ludwig von der Pfordten, seit dem Dezember 1864 wieder als leitender bayerischer Minister wirkend und in seiner Haltung eher antipreußisch, doch auf pragmatischen Ausgleich bedacht, suchte der Entwicklung durch Anlehnung an Österreich und durch den engeren Zusammenschluß der Mittelstaaten entgegenzutreten. Das galt, neben Bayern, auch noch für

Württemberg, Baden und Sachsen. Doch von der Pfordten hatte wenig Erfolg. So bahnten sich bereits beim Tode Maximilians II. jene Spannungen an, die 1866 zum Ausscheidungskampf zwischen Preußen und Österreich führten und Bayern wie den anderen Mittelstaaten den Verlust ihrer vollen Souveränität brachten, wenn nicht gar die politische Auslöschung wie im Falle des Königreichs Hannover.

Beim prunkvollen Regierungsantritt Ludwigs II. war die Lage mithin recht prekär. Hinzu kam, daß es einen Brief König Maximilians II. an den wittelsbachischen Prinzen Carl aus dem Jahre 1859 gab, in dem der König diesen jüngeren Bruder Ludwigs I. bat, seinen »erfahrenen Rat« in die Regierungsgeschäfte einzubringen, falls ihm, dem König, etwas zustoßen sollte. In der Königsfamilie erhob sich die Frage, woran der Verstorbene bei seiner Bitte eigentlich gedacht habe: nur an den minderjährigen Kronprinzen oder auch an den volljährigen, politisch aber noch unerfahrenen Ludwig?

Am Ende kam es nicht zur Regentschaft Carls. Aber die Kritik, die ein Teil der Familie schon damals an Ludwig geäußert hatte, schwelte nun, einmal entzündet, weiter bis zum Jahre 1886.

Die Begegnung mit Wagner – eine Freundschaft aus dem Geist der Verweigerung

Als Ludwig II. noch am Todestag seines Vaters, dem 10. März 1864, zum neuen König proklamiert und das Heer bei Sturm und Schneegestöber auf ihn vereidigt wurde, und als er am Tag darauf den Eid auf die Verfassung leistete, regierte der neue Monarch und »Kriegsherr« über 4,8 Millionen Bürger in Bayern und in der Pfalz. Bayern war zu dieser Zeit noch weitgehend Agrarland, aber in Franken, Bayerisch-Schwaben und der Pfalz entwickelten sich bereits Industriezentren auf der Grundlage alter Handwerkstradition: so in Nürnberg, Augsburg und Ludwigshafen. Anlässe genug für einen jugendlichen Fürsten, seine politischen Talente zu entwickeln. Doch es sollte anders kommen.

Schon bald nach Ludwigs Regierungsantritt bemerkte der österreichische Gesandte am Münchner Hof, Gustav von Blome, daß dieser in seiner geistigen Entwicklung keinen günstigen Eindruck hinterlasse. »Von politischen Dingen, besonders von Fragen der Gegenwart, weiß er noch weniger, als bei seinem jugendlichen Alter zu erwarten ist... Beurteile ich den jungen Fürsten recht, so hat die Natur ihm mehr Einbildungskraft als Verstand gegeben und ist in der Erziehung das Herz am meisten vernachlässigt worden. Ein übertriebenes Selbstgefühl, Eigenwilligkeit und Rücksichtslosigkeit machen sich in bedenklicher Weise geltend.« Ein hellsichtiges Psychogramm, vor allem wenn man bedenkt, daß es zu einem Zeitpunkt geäußert wurde, als Ludwig sich noch dem neuen Reiz des »Regierens« willig hingab. Und übrigens war es wiederum Graf Blome, dem schon damals auffiel, daß der König »bis jetzt kein Wohlgefallen an Damengesellschaften und Umgang mit dem weiblichen Geschlecht« gefunden habe.

Dafür stellte sich bei Ludwig etwas anderes ein: eine schwärmerische Verehrung für Richard Wagner. Im Mai 1864 rettete der König den Komponisten aus höchster Not und berief ihn nach München – eine spontane Tat, die ihm zunächst einmal eine Regierungskrise und einen beträchtlichen Popularitätsschwund einbrachte, da es Wagner, ein Revolutionär des Jahres 1848, nicht unterlassen konnte, den König antiklerikal zu beeinflussen. Das quittierte die Münchner Gesellschaft mit einem bösen Spitznamen: »Lolus« nannte man Wagner, eine Anspielung auf Lola Montez, die 1848 ja ebenfalls versucht hatte, einen liberalen Einfluß auf Ludwig I. auszuüben.

Doch die politische Seite der Sache war bei weitem nicht alles. Hinzu kamen die nicht unerheblichen finanziellen Zuwendungen des Königs an den Komponisten und schließlich auch Wagners Vorschlag, Ludwig II. solle den Architekten Gottfried Semper nach München berufen, um dort für die *Kunst der Zukunft* – so der Titel einer programmatischen Schrift Wagners – ein »Theater der Zukunft« zu bauen, ein Gebäude von beträchtlichen Dimensionen, das sich der König als »Heiligtum« für die Opern des vergöttlichten Freundes vorstellte. Nach zwei Jahren teilte die Kabinettskasse Semper jedoch trocken mit, daß dessen Bauplan nicht realisiert werden könne. Und da Wagner damals, 1867, bereits andere Pläne verfolgte, auch der König inzwischen eine ständig wachsende Aversion gegen seine Residenz entwickelt hatte und seine Aufenthalte und Baumaßnahmen lieber ins bayerische Gebirge verlegte, trennten sich die Wege von Mäzen und Künstler wieder. Das Verhältnis wurde krisenreicher, und doch blieb die Begeisterung Ludwigs für Wagners Gesamtkunstwerk immer bestehen.

Sieht man auf das Jahrhundert im ganzen, so ist die Freundschaft zwischen König und Komponist wohl nur mit der zwischen Karl August von Weimar und Goethe zu vergleichen, so unterschiedlich beide Beziehungen auch waren. Denn während es bei dem Weimarer Freundespaar in erster Linie die Einmütigkeit ist, die überrascht, fasziniert im Falle Wagners und Ludwigs II. vor allem deren Gegensätzlichkeit: auf der einen Seite ein revolutionärer Bohèmien, auf der anderen ein Monarch, der byzantinische Träume vom Gottesgnadentum unterhielt. Und trotzdem bewahrte der König den Freund vor dem Schlimmsten, als diesen seine Gläubiger verfolgten. Wagner dachte damals an Selbstmord; so war es eine Rettung von traumhafter Dramatik und doch dauerhafter Wirkung, denn der König hielt Wort. Nach der ersten Audienz bei Ludwig schickte Wagner dessen Porträt an eine Freundin und schrieb dazu: »Sieh hier das Bild eines wundervollen Jünglings, den das Schicksal zu meinem Erlöser bestimmt hat... Unsere gestrige Zusammenkunft war eine große, nicht enden wollende Liebesszene. Er ist vom tiefsten Verständnisse meines Wesens und Bedürfnisses. Er bietet mir alles, was ich brauche zum Leben, zum Schaffen, zum Aufführen meiner Werke. Nur sein Freund soll ich sein: keine Anstellung, keine Funktionen. Er ist das vollendete Ideal meiner Wünsche... Und dies jetzt – jetzt – in dieser schwärzesten Todesnacht meines Daseins!! Ich bin wie zerschmettert!«

Auch Ludwig war von der ersten Begegnung mit dem Idol seiner Jugend ergriffen. Danach schrieb er an Wagner: »Die niederen Sorgen des

Alltagslebens will ich von Ihrem Haupte auf immer verscheuchen, die ersehnte Ruhe will ich Ihnen bereiten, damit Sie im reinen Äther Ihrer wonnevollen Kunst die mächtigen Schwingen Ihres Genius ungestört entfalten können. – Unbewußt waren Sie der einzige Quell meiner Freuden von meinem zarten Jünglingsalter an, mein Freund, der mir wie keiner zum Herzen sprach, mein bester Lehrer und Erzieher.- Ich will Ihnen alles nach Kräften vergelten!«

Sollte der Wagner-Enthusiasmus die Verabschiedung Ludwigs von Politik und jeglicher Normalität unheilvoll gefördert haben? Das wäre allzu einfach. Auch Friedrich der Große war ja bis zu seiner Thronbesteigung ein Musensohn – »effeminiert« nannte ihn der Vater grimmig – und wurde doch ein großer Feldherr und Politiker. Bei Ludwig II. indessen kam der Wunsch, sich dem in die Verfassung eingebundenen Königtum zu entziehen, aus ebendiesem schmerzlichen Bewußtsein: der Beschränkung durch Parlament, Ministerium und hohe Staatsbürokratie. Sein anfängliches Interesse an konkreter Politik, nach der Thronbesteigung kurz aufgeflackert, zog zugleich die Erfahrung der engen Grenzen seiner Macht nach sich.

Und doch hat Ludwigs Freundschaft mit Wagner etwas mit der Weltflucht des Königs zu tun. Hier stieß er auf etwas, was er lange vergeblich gesucht hatte: eine Welt, in die er sich einfügen konnte. Denn Ludwigs Exzentrizität, sein oftmals befremdliches Gebahren, war ja nur die Kehrseite seiner Unfähigkeit, sich in die gegebenen Verhältnisse zu schicken. Er fand keinen Weg zu ihnen – weder im Familiären noch im Politischen, auch im Erotischen nicht.

Dieser Befindlichkeit ist wohl Ludwigs Wunsch entsprungen, sich eine eigene Welt von ausschweifender Bizarrerie zu schaffen, da er mit der vorhandenen nicht viel anzufangen wußte, und es war zweifellos Wagner, der ihm dafür eine komplette Mythologie zur Verfügung stellte: Traumbilder, die weit genug von der Wirklichkeit entfernt waren, um seiner unbestimmten Sehnsucht Raum zu geben. Dort fand er das Gesuchte: Übereinstimmung, unverfälscht empfundene Nähe, Versöhnung.

So war Wagner zwar keinesfalls der Urheber, doch in gewissem Sinne durchaus der Inspirator von Ludwigs Lebensverweigerung, auch wenn bei weitem nicht alle Bauten des Königs der germanischen Sagenwelt gewidmet sind. Aber der Wunsch, die eigene Fremdheit nach außen zu kehren, sie sichtbar, greifbar, unwiderlegbar zu machen, verdankt sich zu Teilen ohne Frage dem Vorbild des Komponisten. Deshalb verraten die Ludwigschen Bauten so unendlich viel über ihren Erbauer: Psychologisch gesehen, sind sie die unverhohlenste Verweigerung gegenüber der Gegenwart. Aber eben das macht sie zugleich zum Schlüssel für das Naturell des Königs, zum Wegweiser durch das Labyrinth seiner Vorstellungen. Denn der König verstand es, seiner Verweigerung eine provokative Spitze zu geben.

Orient in den Alpen

Wer an einem schönen Tag in der klaren Luft des bayerischen Herbstes von Schloß Elmau bei Mittenwald das Wettersteingebirge hinaufwandert, dem bieten sich gewaltige Gebirgspanoramen dar, Blicke auf schneeglänzende Gipfel, auf Alpspitze und Zugspitze im Westen und auf die himmelhohen Steinwände im Süden, die dem Gebirgsstock den Namen gaben. Man fühlt sich in unverdorbener, großer Natur und ist doch mitten in einer Landschaft voller Geschichte. Am Felsenkamm entlang verläuft Bayerns Grenze zu Tirol, jenem Land, dessen Besitz die Wittelsbacher Fürsten jahrhundertelang erstrebten, zeitweise auch erreichten, immer wieder jedoch verloren. Selbst der Weg, auf dem wir emporsteigen, ist eine Spur der Geschichte, einer tragisch endenden allerdings. Er heißt »Königsweg«, genannt nach Ludwig II., der ihn im Ponywagen befuhr, hinter dem das Lieblingspferd des Königs trabte.

Der Herrscher liebte diese Landschaft und ihre Einsamkeit, die hochgetürmten Felsmas-

Wer würde hinter der Fassade des schlichten »Königshauses am Schachen« einen »maurischen Saal« vermuten, ein Gemach von orientalisch-üppigem Schmuck? Es läßt sich kaum ein schärferer Kontrast zur gewaltigen Alpenwelt ringsum denken. Äußerlich fügt sich der Bau in sie ein, im Innern hebt er sich auf denkbar exzentrische Weise von ihr ab.

sen, die weiten Ausblicke. Schon 1869, wenige Jahre nach seiner Thronbesteigung, faßte er den Entschluß, hier – in fast zweitausend Meter Höhe – ein Jagdhaus zu errichten, obwohl er ebensowenig wie sein Vater ein passionierter Jäger war. Ursprünglich sollte es nichts als ein schlichtes Haus sein, ein einfaches »Buon retiro« in heroischer Landschaft, errichtet als bretterverschalter Ständerbau auf einem Bruchsteinsockel. Aber noch während der Planung des Baus, der später »Schachen-Haus« genannt werden sollte, änderte Ludwig seine ursprünglichen Absichten. Er ließ eine Etage aufstocken, und zwar für ein einziges, über dem Unterbau gelegenes Zimmer, dessen Interieur in groteskem Widerspruch zur heimischen Alpenwelt steht.

Dem ahnungslosen Besucher, der diesen großen Raum betritt, schlägt Serail-Atmosphäre entgegen, fremdartige Pracht. Grellfarbige Sofas rings an den Wänden, Pfauenwedel in orientalischen Metallvasen, in der Mitte ein Springbrunnen. Odalisken-Schwüle herrscht; man hat einen zwiespältigen Eindruck, als wäre all dies die Kulisse für einen Ausflug der Phantasie ins Laszive, ins Gewagte, Anstößige und dennoch Erlaubte, da der orientalisierende Geschmack der Zeit allem eine Rechtfertigung gibt. Aber auch anderes mischt sich hinein, Anklänge an die falsche Glitzerpracht intimer Fin de siècle-

Etablissements, mehr Männer-Serail als Scheherezade.

Kein Zweifel, daß der König mit diesem Interieur auch jener weit verbreiteten Mode des Orientalismus und Arabismus folgte, die durch die Pariser Weltausstellung von 1867 einen starken Impuls erhalten hatte. Aber für ihn war es mehr als »Mode«. Der Raum selber, das berühmte »Türkische Zimmer«, war keine zufällige Eingebung: Schon bald nach seinem Regierungsantritt hatte Ludwig II. in seinem riesigen Wintergarten auf dem Dach der Münchner Residenz einem Orientalismus gefrönt, der sich unter der hochmodernen, weitgespannten Stahlkonstruktion der Nürnberger Firma Kramer-Klett – der späteren MAN – mehr als exotisch ausnehmen mußte. Nur wenige durften die mit arabischen Städteansichten, Landschaften und mittelmeerischer Flora ausgestattete Szenerie betreten, in der sich der Monarch, wenn immer es möglich war, der Last staatlicher Verpflichtungen entzog.

Was bewog ihn beim Schachen-Haus zu Entschlüssen, die so absonderlich wirken mußten? Offenbar auch das Bedürfnis, sich von der heimischen Bergwelt zu distanzieren. Diesem Zweck diente das »Türkische Zimmer«, übrigens keine originale Kreation, sondern der Nachbau eines Innenraums im Palast von Eyoub bei Istanbul, errichtet an der Wende des

18. zum 19. Jahrhundert von Sultan Selim III. Ludwig kannte Abbildungen des Gemachs, die ihn begeistert hatten. Mitten in die vertraute Welt seines Landes, das ihm fremder und fremder wurde, pflanzte er daher eine provozierende Fremdartigkeit, die seine innere Lage widerspiegelte.

Seit der Vollendung des Hauses im Jahre 1872 besuchte der König dieses Hochgebirgsasyl regelmäßig an seinem Geburtstag, dem 25. August, kam aber meist noch einmal in der zweiten Septemberhälfte. Daß er allein gewesen wäre, kann man kaum behaupten. Zwar schüttelte er hier alle Pflichten ab, doch ein ausgewähltes Gefolge von Domestiken umgab ihn immer. Es paßte auf bedrückende Weise in das pseudoorientalische Milieu. Eine Vertraute, Luise von Kobell, beschrieb, wie man hinter den grellbunten Glasfenstern, in einem Ambiente, das sich aus exotischen Möbeln, Diwans und kostbar bestickten Kissen zusammensetzte, sich selbst als lebendes Bild inszenierte: »Hier, zwischen den zwei Fenstern, saß in türkischer Tracht Ludwig II. lesend, während der Troß seiner Dienerschaft, als Moslems verkleidet, auf Teppichen und Kissen herumlungerte, Tabak rauchend und Mokka schlürfend, wie es der königliche Herr befohlen hatte. Der ließ dann häufig überlegen lächelnd die Blicke über den Rand des Buches hinweg auf die stilvolle Gruppe schweifen.

Schon Ludwigs Vater, Maximilian II., hatte sich auf dem Dach der Münchener Residenz einen Wintergarten bauen lassen. Am selben Ort errichtete sein Sohn 1867 bis 1871 einen eigenen, entschieden größeren Garten, der schon früh seinen Geschmack ahnen läßt: ein exotisches Ambiente, verbunden mit modernster Stahlbautechnik.

Dabei dufteten Räucherpfannen und wurden große Pfauenfächer durch die Luft geschwenkt, um die Illusion täuschender zu machen, eigentlich wurde nur der Tabaksqualm hin- und hergeweht...«

Man mag über Szenen wie diese urteilen, wie man will. Verblüffender noch als die Verkleidung selbst bleibt jedenfalls der rückhaltlose Ernst, mit dem Ludwig diese durchführte. Kein ›common sense‹, keine nüchterne Überlegung bremste ihn, ganz so, als sei es ihm unmöglich, sich seine Wirkung auf andere auch nur entfernt vor Augen zu führen. Oder verweigerte er sich solchen Überlegungen bewußt?

Unzweifelhaft war es ein tiefes Verlangen nach ästhetischem Ausdruck, das ihn beherrschte und zahlreiche seiner Handlungen erklärt. In ihm mag sich ein Rest jener Unbeirrbarkeit und Vitalität geäußert haben, die er eigentlich besessen hat. Ludwig lehnte es ab, seine Fremdheits-Gefühle einfach hinzunehmen, sich mit ihnen als irgendetwas Schicksalhaftem abzufinden und sie still, möglichst unauffällig, zu ertragen. Im Gegenteil: Er steigerte seine Exzentrizität noch ostentativ. Daher schuf er jene scheinbar bloß absonderlichen Bauten, mit denen er sich im Wortsinne ein Denkmal setzte. Denn worauf sollten sich die Gebäude, für die es in der bayerischen Landschaft und Geschichte nicht den geringsten Anknüpfungspunkt gibt, überhaupt beziehen, wenn nicht auf den König selbst? Was hätten sie sein können als gebaute Selbstentwürfe und Selbstverkleidungen eines Mannes, der zu den echten Traditionen, in die er hineingeboren wurde, keinen Zugang fand?

Es ist sicherlich richtig, daß Ludwigs Einsamkeit zu einem großen Teil aus seiner Traditionslosigkeit kam, die sich im Verhältnis zu seiner Familie ebenso zeigt wie in dem zur Vergangenheit seines Landes. Keinem Herkommen mehr verpflichtet und mit den Mitteln versehen, seine Wünsche Wirklichkeit werden zu lassen, vermochte er noch den fragwürdigsten seiner Ideen, den entlegensten seiner Sehnsüchte lange Zeit fast ungehindert nachzugehen. Die Welt, die so entstand, gehörte buchstäblich ihm allein, niemand anderes konnte darin Platz finden. Und dennoch ist in seinem Kunstwollen viel Zeittypisches, was deutlich wird, wenn man das Jahrhundert im ganzen ins Auge faßt.

Denn jene produktive Realitätsverweigerung, die die Romantiker »Traum« nannten, ist ein Charakteristikum der gesamten Epoche. In Preußen hatte zu einer Zeit, da gerade die erste Eisenbahnlinie zwischen Berlin und Potsdam eröffnet worden war, Wilhelm, der Bruder des Königs, der »Kartätschen-Prinz« der 1848er Revolution, Karl Friedrich Schinkel den Auftrag gegeben, zwischen Berlin und Potsdam am Ufer der Havel eine Burg im Stil der späten englischen Gotik zu errichten: Babelsberg, ein Bau, dessen Vollendung der Architekt dann nicht mehr erlebte. Jenseits des Flußlaufes, nur ein paar hundert Meter von Babelsberg entfernt, steht Klein-Glienicke, ebenfalls von Schinkel für Wilhelms Bruder Prinz Karl errichtet, eine steingewordene Erinnerung an die Italienreisen des Bauherrn: ein Traum von mediterraner Landschaft und Lebensweise, der mit der sandig-kargen Mark Brandenburg kaum mehr zu tun hat als König Ludwigs Orient mit den Alpen. Sah man bei klarem Wetter von den Zinnen Babelsbergs in nordöstliche Richtung, so konnte man den Rauch erblicken, der von Borsigs Fabrikschloten aufstieg, während unten auf der Havel Dampfschiffe kreuzten.

Während die Moderne in gewaltigen Schritten die Landschaft vereinnahmt, Eisenbahnschienen gelegt werden, Telegraphenstationen aus dem Boden schießen, träumt man sich aus der Wirklichkeit hinweg. Es sind rückwärtsgewandte Träume. So stellt Erzherzog Karl Alexander von Sachsen-Weimar die Wartburg als öffentliches Nationaldenkmal wieder her, womit er in gewisser Weise auch den Anstoß zur Errichtung Neuschwansteins gibt, denn lange Zeit plante Ludwig, eine »noch schönere und größere Wartburg« zu bauen. Erst später, nach der Bekanntschaft mit Richard Wagner, änderte er seine Vorstellung. Jetzt sprach er davon, aus Neuschwanstein einen »Tempel für den Komponisten«, eine »Gralsburg« zu machen, wobei er die geschichtliche Idee zugunsten einer mythologischen Konzeption aufgab, die enge Bezüge zum persönlichen Sühnebedürfnis des Erbauers hatte.

Aber so nahe Ludwig dem Geist der Zeit auch stand, so sehr er in die geistigen Strömungen der Epoche hineingehört, so entschieden und unverkennbar fällt er auch aus ihnen heraus; das Vergleichbare macht die Unterschiede nur noch deutlicher. Sicher bewegte sich die historisch-romantisierende Bautätigkeit der Hohenzollern – um auch dies zu erwähnen – auf einem ganz anderen Niveau als die des bayerischen Monarchen, wofür in erster Linie das Genie Karl Friedrich Schinkels verantwortlich war. Aber darauf kommt es nicht an. Im Fall der Hohenzollern haben wir es seit dem 18. Jahrhundert mit einer fast ununterbrochenen Reihe von Schlössern und intimen fürstlichen Wohnsitzen zu tun, die dem »normalen« königlichen Bedarf dienten und in denen sich Privatheit und öffentliche Repräsentation der Dynastie in einzigartiger Weise verbanden. Wie weit ist dies alles vom Bauwillen des bayerischen Königs entfernt! Seine Schlösser und Landsitze waren vornehmlich Bühnen zur Inszenierung seines einsamen Herrschertums. Während die Hohenzollern mit ihren Architekturen allein sich selbst und ihren Staat repräsentierten, beabsichtigte Ludwig etwas anderes: Er wollte seine Leitbilder zelebrieren, den Sonnenkönig oder die Opernwelt Richard Wagners mitsamt dem ihr zugrunde liegenden Sagenstoff, aus dem – wie man ironisch bemerkt hat – eine »germanistische Heldenschar« entstieg. Im Dunstkreis dieser Gestalten war der König ebensosehr solipsistischer Hauptdarsteller wie Zuschauer, wenn nicht geradezu Voyeur seiner selbst. Bezeichnend genug die hermetische Verschlossenheit seiner »Kultbauten«, in die sogar die Verwandtschaft, der Hochadel und die Minister nur ausnahmsweise Zutritt erhielten, wo Privatsekretäre und Domestiken das Sagen hatten, ja, sogar zu Drahtziehern bayerischer Politik wurden.

Dergestalt entwickelte sich ein eigenartiges, teils pittoreskes, teils befremdendes Widerspiel zwischen realer Welt und Kulissenzauber, das im Grunde nur oberflächlich mit jener privatbürgerlichen Kunstauffassung und Kulturgeschichte zu tun hatte, die das 19. Jahrhundert bis an die Schwelle des Ersten Weltkriegs beherrschte. Dies nämlich war gerade nicht die Welt Ludwigs II., dessen Unternehmungen eher ein umfassendes, radikales Antiprogramm darstellten, entstanden aus extremer Übertreibung und fragwürdiger Mythisierung des Historismus.

Für nächtliche Ausfahrten bei Fackelschein und Schellenklang hatte sich Ludwig einen Prachtschlitten bauen lassen. In ihm inszenierte er sich als einsamer König, worin nicht nur der Wunsch nach Intimität, sondern auch der Protest gegen eine Umgebung zum Ausdruck kam, die ihm mit wachsender Ablehnung gegenüberstand.

Staatsbaukunst waren diese Bauten also nicht, und ebensowenig Repräsentation königlich-öffentlichen Kulturwillens, wie es noch die Bauten König Ludwigs I., seines Großvaters, gewesen waren. Statt dessen wollten sie privat sein in dem Sinne, daß sich der Bauherr in ihnen bewußt der Öffentlichkeit entzog: nicht als zeitweiliges Refugium, um für die Rückkehr in die Politik neue Kräfte zu sammeln, sondern als Gegenwelt zum politisch-öffentlichen Leben, als *Protest-Architektur*. So schuf er sich in den Alpen und im Alpenvorland einen riesigen »Märchengarten«, dessen architektonische Requisiten er so ausschließlich auf sich selbst bezog, daß sein Wunsch fast verständlich erscheint, daß diese Welt nach seinem Tod zerstört und sämtliche Bauten in die Luft gesprengt werden sollten. Auch im Theater pflegt man ja nach dem Auslaufen einer Inszenierung die Kulissen zu vernichten. Und das Theater war ohne jeden Zweifel Ludwigs kongeniale Welt.

Der Traum von Versailles und Bedeutungsvolles anderer Art

Ein weisser Baukörper von diskreter Eleganz. Den Mittelrisalit der Gartenfront bekrönt eine Weltkugel. Darunter führt eine doppelläufige Treppenanlage von der Balustrade zu einem Wasserbecken mit einer vergoldeten Figurengruppe. Weiter hinten erhebt sich, als Blickpunkt und Abschluß des Schloßgartens, ein kleiner Monopteros, ein Venustempel. Dies alles eingefaßt von einem englischen Park, der sich unmerklich in die Landschaft verliert, auf geniale Weise angelegt von Hofgartendirektor Carl von Effner. Kein Zweifel: Hier, in Schloß Linderhof bei Ettal, war dem König etwas Außerordentliches gelungen, das als »zweites Rokoko« nur unzulänglich beschrieben ist. Hier war kreativer Historismus am Werk.

Linderhof war der einzige Schloßbau, den Ludwig vollenden und auch längere Zeit bewohnen konnte, entstanden aus einem bescheidenen Holzbau, dem »Königshäuschen«, das sich sein Vater hatte errichten lassen. Ludwig erweiterte es in immer neuen Um- und Ausbauten, bis der ursprüngliche Hausstock Maximilians II. völlig verschwunden und durch eine Schloßanlage inmitten weiten Parkgeländes ersetzt worden war. Es sagt viel, daß der Bau im September 1870, als die bayerische Armee in Frankreich verlustreiche Kämpfe zu bestehen hatte, begonnen wurde, und zwar nach dem Vorbild von Schloß Petit Trianon im Park von Versailles. Dort hatte sich Ludwig XIV. ein Lustschloß erbauen lassen, in welchem er den Pflichten höfischer Repräsentation zeitweise entfliehen konnte.

Das Bauprojekt Ludwigs II. lief anfangs unter einem Decknamen, und zwar aus finanziellen wie politischen Gründen: Mußte es doch in einer Epoche, in der nationale Begeisterung über den Sieg in Frankreich und über die Reichsgründung Bismarcks hohe Wellen schlug, mehr als befremdlich erscheinen, daß der bayerische König ausgerechnet das machtvolle Frankreich des Sonnenkönigs architektonisch zu zelebrieren gedachte. Nichts weniger nämlich war seine Absicht. Seinen Hofsekretär Lorenz von Düfflipp hatte er in der Bauanweisung wissen lassen: »Es soll gewissermaßen ein Tempel des Ruhmes werden, worin ich das Andenken an König Ludwig XIV. feiern will«. Der Affront gegen das neuerstandene Deutschland, dem Frankreich als natürlicher »Erbfeind« galt, war durchaus gesucht.

Schloß Linderhof ist die intimste Schöpfung Ludwigs. Das Bauwerk, in eine Flucht von Terrassen und Wasserbecken hineingestellt, fügt sich harmonisch in die Linienführung des Berggefälles ein. Niemals zuvor oder danach glückte dem König die Einheit von Natur und Kunst wie hier.

Grundidee war dabei die Apotheose Ludwigs XIV. und – mehr noch – Ludwigs XV. Im Vestibül steht ein bronzenes Reiterstandbild des Sonnenkönigs, wohingegen die anderen Prunkräume vor allem dessen Nachfolger und seinen Maitressen, der Pompadour und der fragwürdigen Dubarry, gewidmet sind. Vom ovalen Speisezimmer mit dem berühmten, versenkbaren »Tischlein-deck-dich« hatte Ludwig ein Porträt der letzteren vor Augen, ein Detail, das wiederum auf seine historisierend kaschierte Traditionslosigkeit verweist. Über dem Vestibül liegen das westliche und östliche Gobelinzimmer, dazwischen der kostbar ausgezierte Spiegelsaal. Das Schlafzimmer, der größte Raum des Schlosses, deutet auf das *Lever* der französischen Könige, also auf ein hochpolitisches Ambiente, in dem sich der Hof und die Gesandten am Morgen versammelten. In Linderhof jedoch blieb das Gemach ein funktionsloses Prunkstück, ein weiterer Illusionsraum für den Einsamen.

Dennoch hat Linderhof etwas Stimmiges, was man von dem unterirdischen Annex nicht sagen kann, der wenige Schritte nordöstlich des Schlosses entstand: jener künstlichen Höhle, zu der sich Ludwig von einer Phantasmagorie Richard Wagners inspirieren ließ. Sie soll die »Venusgrotte« darstellen, in welche der Sage nach Tannhäuser geriet – eine Idee von beträchtlicher Extravaganz und Theatralik.

Bereits im Wintergarten auf der Münchener Residenz und im väterlichen Neuen Schloß Hohenschwangau hatte Ludwig sich »Grotten« bauen lassen, doch waren sie dort räumlich eng bemessen. Nun konnte er unter Effners Leitung eine gewaltige künstliche Tropfsteinhöhle erbauen, für deren phantastische Ausgestaltung der »Landschaftsplastiker« August Dirigl verantwortlich war. An den Wänden Stalaktitensäulen aus Gips, befestigt durch eine Stahl-, Draht- und Leinwandkonstruktion. Eine Wellenmaschine, mit den modernsten Aggregaten der Firma Siemens betrieben, bewegte beheiztes Wasser, in dem Ludwig gelegentlich badete; doch ließ er sich meist in einem Muschelfahrzeug, umgeben von Schwänen, umherrudern. Der Sinn war paradox: Nicht nur Tannhäusers Venusberg à la Wagner stellte die Grotte dar – dann nämlich, wenn sie rosarot beleuchtet wurde –, sondern auch – diesmal in anilinblauer Illumination – die Blaue Grotte auf Capri, wo nach alter Überlieferung Kaiser Tiberius mit seinen Lustknaben zu baden pflegte.

Im einen wie im anderen Fall handelt es sich um hocherotische Vorbilder, deren biographischer Bezug zum Bauherrn evident ist und sehr wenig oder gar nichts mit der Grotten-Mode des 17. und 18. Jahrhunderts und ihrem vorwiegend spirituellen Charakter zu tun hatte. So kommt es, daß Ludwig II. gerade mit dieser Anlage in der Tat originell war, und obendrein in schokkierender Weise. Schon die Kombination von Romantik, Wagnerianismus und Elektromotorik in einem Kunstprodukt aus Stahl, Beton und Gips bietet sich als eine grandiose Melange aus Kulissenzauber und Technik dar; mehr noch: Es ist ein Stück vorweggenommener Pop Art. Der durch Druckknopf mögliche Farb- und Szenenwechsel vom Venusberg zur Capri-Grotte war mehr als bloße Szenerie, eher schon ein königliches »Las Vegas«, aufleuchtend und voll versteckter Appelle.

Mit einer Penetranz, die bis zur Schikane gehen konnte, hatte Ludwig auf ein Grottenblau à la Capri gedrängt, das allen Anstrengungen zum Trotz jedoch nie hervorgebracht wurde. Auch die eben erfundenen »prachtvollen Anilinfarben« konnten den zauberhaften Effekt der Blauen Grotte nicht ermöglichen, da es sich in Capri um ein Phänomen der Lichtbrechung, nicht um »Farbe« handelt. Auf jeden Fall bestand der König hier wie bei anderen Bauten auf Detailgenauigkeit und perfekten Illusionismus mit allen technischen Mitteln.

In der Nähe erbaute der König dann 1877 die Einsiedlerklause des Gurnemanz, diesmal ein Szenenbild aus »Parzifal«. »Dort auf geweihter Stätte« schrieb er an Wagner, »höre ich ahnungsvoll schon die Silberposaunen aus der Gralsburg erschallen; dort höre ich im Geiste

Die Venusgrotte bei Schloß Linderhof, dem schönsten Bau des Königs, ist eine groteske Installation: ein befremdlich-ästhetisches Konstrukt aus Stahl und Gips, betrieben mit der Elektronik der Weltfirma Siemens. Zur Ausstattung gehörten Las Vegas-Effekte; rote und blaue Beleuchtung ließen sich per Lichtschalter wechseln.

die heiligen Gesänge aus Montsalvat vom unnahbaren Berge herniedertönen; dort ist mir so wohl zu Muthe, bei jener Quelle, wo Parcifal des wahren, ächten Königthums Weihe empfing, das durch Vernichtung des Bösen im Inneren erworben wird...« Das war der persönliche Bezug des Königs zur Gralssymbolik: die eigene Entsühnung, deren er sich in hohem Maße bedürftig fühlte und die er im Gebet immer wieder erflehte.

Das Neben- und Durcheinander ästhetischer Konzepte, der wahllose Synkretismus der Bauten, der in Linderhof mit der Kombination von Trianon, Tannhäusergrotte und Gurnemanzklause so deutlich in Erscheinung tritt, verflüchtigt sich jedoch völlig bei jenem anderen Großprojekt, mit dem der König seinen Bauwillen krönte: *Schloß Herrenchiemsee*, ein unmittelbarer Nachbau des Versailler Hauptschlosses, noch als Torso imponierend und als Kopie schon deshalb interessant, weil hier die berühmte Spiegelgalerie in ihrer ursprünglichen Gestalt wiedererstand, die damals im Original längst gravierend verändert worden war. Bereits 1873 hatte Ludwig II. die Insel Herrenwörth im Chiemsee von Privatleuten gekauft, damals freilich ohne Bauabsicht, da er noch immer daran dachte, Linderhof auf Versailler Maß zu vergrößern. Zwischendurch wollte er auf einer

Insel im Staffelsee bei Murnau im Angesicht des Hochgebirges ein »richtiges« Versailles – womöglich noch weitläufiger als das Original – errichten. Da der König damals schon in schwerer Geldverlegenheit war, lief das Bauvorhaben im Chiemsee unter dem Codewort »Meicost Ettal«, einem Anagramm für »L'Etat c'est Moi«, angeblich die Losung des Sonnenkönigs und zugleich der ohnmächtige Wunschtraum des Wittelsbachers.

So entstand inmitten eines französischen Parks, den wiederum Carl von Effner entworfen hatte, eine riesige Schloßanlage, deren Schauseite einhundertacht Meter lang war. Innen wurde sie von der Spiegelgalerie eingenommen, die mit achtundneunzig Metern das Vorbild in Versailles noch übertraf. Auch zwei mächtige Seitenflügel wurden begonnen, aber nach Ludwigs Tod wegen Geldmangels wieder abgetragen, so daß nur ein hufeisenförmiger, im Grundriß fast quadratischer Bau übrig blieb. Das zentral gelegene, in Gold gehaltene Paradeschlafzimmer mit dem gewaltigen Prunkbett war dem Andenken Ludwigs XIV. geweiht; für sich selbst hatte der Erbauer ein kleineres Schlafgemach reserviert, wenn auch in kostbarster Einrichtung: Ausdrücklich trat er zurück hinter dem Bild jenes Königtums, das er mit seiner Architektur zu beschwören gedachte.

Doch es war nicht Ludwig XIV. allein, dessen

sein vergangenheitssüchtiges Monarchentum gedachte. Das Ankleidezimmer war der unglücklichen Marie Antoinette gewidmet, deren Haupt am 16. Oktober 1793 unter der Guillotine gefallen war. Dachte Ludwig dabei an das Ende allen Königtums? Lag darin wiederum ein Protest gegen die Welt und die Werte des »Citoyen«, dem das 19. Jahrhundert gehörte?

Einmal soll es vorgekommen sein, daß sich Ludwig die eintausendachthundert Kerzen der Großen Spiegelgalerie zweiundfünfzigmal anzünden ließ, was in jeweils fünfzehn Minuten zu geschehen hatte. Neben dem Arbeitszimmer mit einer Kopie des Schreibtisches Ludwigs XIV., die allein fünfundfünfzigtausend Goldmark gekostet hatte, lagen der Blaue Salon – blau war des Königs Lieblingsfarbe – und das ovale Speisezimmer mit dem zweiten Tischlein-deck-dich, auf dem die Speisen durch Knopfdruck aus dem Untergeschoß für Ludwigs einsame Mahlzeiten hinaufbefördert wurden.

Erstaunlich ist die Fülle der reinen Repräsentationsräume. Mit Recht hat man gesagt, daß Herrenchiemsee – anders als sein Vorbild Versailles – nicht »als Schauplatz höfischer Feste, großer Empfänge für auswärtige Souveräne und Gesandte, als Zentrum für die ›Domestizierung‹ der Hofgesellschaft, des Adels und der wichtigsten politischen Kräfte des Landes« gedacht war, »sondern als steingewordene Erinnerung an ein absolutistisches Herrschertum, das Ludwig II. selbst nicht mehr verwirklichen konnte«. Im Mittelpunkt der Baukonzeption stand das Prunkbett des Sonnenkönigs, keine Schlafstätte, sondern Symbol einer ersehnten, damals jedoch längst utopisch gewordenen Herrschaftsform: Illusionsarchitektur in einem ganz spezifischen Sinn.

Der riesige Bau, der 1878 bereits im Schatten einer galoppierenden Schuldenwirtschaft begonnen wurde, hatte aber noch eine andere Bedeutung. Er war, mehr noch als Linderhof, eine gezielte Provokation gegenüber Kaiser und Reich. Schon Ludwigs Frankreichreise von 1874, auf der er Versailles eingehend besichtigte, wurde in nationalen und liberalen Kreisen als Herausforderung empfunden. Schlimmer noch war, daß der Bayernkönig niemals die mächtig aufstrebende Reichshauptstadt Berlin besuchte. Um wieviel mehr aber mußte das nationalliberale Bürgertum vom Schloßbau im Chiemsee schockiert werden! Selbst nach 1870/71 war und blieb das wirtschaftlich mächtige Frankreich ja für viele der »natürliche« Feind Deutschlands, und auch in Bismarcks Kalkül spielte die Sorge wegen des westlichen Nachbarn zeitlebens eine Hauptrolle.

Allein, die allgemeine Stimmung, auf die der König von seinen engen Beratern auch dringlich hingewiesen wurde, hinderte ihn nicht, das

Chiemseer Unternehmen durchzuführen: Es war antipreußisch gemeint und zugleich gegen Bismarck-Deutschland gerichtet. Welchen vernünftigen Grund konnte es wohl geben, auf deutschem Boden einen Ruhmestempel für den Sonnenkönig zu errichten und eine wahrhaft weltfremde Kultstätte für das Ancien Régime? Paradox-rückwärtsgerichtete Modernität war im Spiel, wobei Frankreichs Kultur weniger um ihrer selbst willen denn als ideologisches Gegenbild zu Preußen-Deutschland gefeiert wurde – aus Ressentiment, kaum aus intimer Kenntnis.

Ludwigs Abschied von der Politik

Natürlich war es politisch unklug, in einer Epoche hochgespannter patriotischer, antifranzösischer Gefühle mit Herrenchiemsee einen Tempel des Frankreichkults zu errichten. Aber damals hatte sich Ludwig längst aus Politik und Gesellschaft verabschiedet, und so war seine »Protestarchitektur« für die Beziehungen zu Berlin ohne weitere Folgen, vor allem solange Bismarck am Ruder war, der ihn aus verschiedenen Gründen tolerierte, ja schützte und ihm schließlich finanziell unter die Arme griff.

Der König wußte dies und brachte es bei passender Gelegenheit auch gegenüber seiner preußischen Verwandtschaft bissig an. Als Kaiser Wilhelm I. 1884 das erste und einzige Mal München besuchte, wickelte Ludwig II. diese unliebsame Pflicht nicht nur lediglich am Hauptbahnhof ab, sondern gab dem Kaiser auch zu verstehen, daß dieser ohne Bismarcks Einwirkung Bayern schon 1866 und seither noch öfters annektiert hätte. Deutliche Worte, die dem »Eisernen Kanzler« wohl taten; jedenfalls erzählte er der Baronin von Spitzemberg später amüsiert von diesem Vorfall.

Überhaupt hielt Bismarck, solange es ging, zu Ludwig, und zwar nicht zuletzt auch gegen den Widerstand seiner eigenen, allzu forschen Berufsdiplomaten. Als der preußische Gesandte am Münchner Hof, Georg von Werthern – man hat ihn den »Prokonsul Bismarcks« in Bayern genannt – 1873 vorschlug, Kaiser Wilhelm I. möge nach München reisen und dadurch den König zwingen, das Reichsoberhaupt offiziell zu empfangen, wobei auch die Hofgesellschaft »endlich Farbe bekennen müsse«, lehnte der Kanzler dies mit der Begründung ab, es lohne sich nicht, »ein Schachspiel gegen den König Ludwig zu eröffnen, durch welches im Grunde doch nichts anderes erreicht werden könne, als eine Abdication mit einem Nachfolger, der uns ungleich feindlicher und unbequemer wäre. Die Abneigung des Königs, Menschen zu sehen, zeigt keine politische Tendenz, weil dieselbe so ziemlich gegen Jedermann zu Tage tritt, und es ist nicht unsere Aufgabe, in dieselbe störend einzugreifen. Jeder Privatmann hat ein Anrecht darauf, sich gegen den Verkehr mit Menschen abzuschließen, wann es ihm beliebt, und wird durch Versuche, seine selbstgewählte Einsamkeit zu stören, gereizt«. Bismarck verwies von Werthern nachdrücklich auf seine Rolle in München: nämlich Bayerns Einleben ins Reich

Der Spiegelsaal von Herrenchiemsee kopierte den von Versaille, in dem 1871 das neue deutsche Reich ausgerufen worden war. Wollte der bayerische König hier bewußt einen Ort monarchischer Präsentation rekonstruieren, der nicht von der Proklamation Bismarck-Deutschlands »befleckt« war?

zu erleichtern. Gegenüber dem Königreich »große Politik zu machen und in Consequenz derselben gegebenenfalls energisch gegen die dortige Regierung vorzugehen«, behielt sich der Kanzler ausdrücklich als sein »Dominium« vor.

Eine Ohrfeige für von Werthern also, ungeachtet des höflich-sachlichen Tons. Dahinter standen natürlich politische Überlegungen: Mit der Unterstützung Ludwigs wurde, so wußte Bismarck, auch dessen Regierung gestärkt, die im Parlament keine Mehrheit besaß, aber für Berlin schon deshalb wichtig war, weil sie – wenn auch moderater, als dies in Preußen geschah – im Kulturkampf gegen den politischen Katholizismus mitzog. Mithin auch hier, wie zumeist bei Bismarck, weiterreichende Absichten. Und dennoch wird man sagen müssen, daß dessen Sympathie für den bayerischen König nicht nur politisches Kalkül war. Denn wie er einerseits durch seinen Gesandten dafür sorgte, daß Bayern politisch nicht aus dem Ruder lief, war er andererseits Ludwigs Beschützer gegen die Begehrlichkeiten der Hohenzollern, ja mehr noch: Der Kanzler empfand Sympathie für den eigenwilligen König, verstand ihn, begegnete ihm mit Achtung.

Im preußischen Herrscherhaus gab es zur selben Zeit ganz andere Vorstellungen. Schon am Ende des deutsch-französischen Kriegs hatte Kronprinz Friedrich Wilhelm kein Hehl daraus gemacht, daß er dieses »schöne Land« in ein paar Jahren »annektieren« wolle. Das war keine zufällige Entgleisung; Friedrich Wilhelm äußerte wiederholt ähnliches. Während es Bismarck aus guten Gründen ablehnte, die finanzielle Unterstützung König Ludwigs, die er nach 1870/71 selbst in die Wege geleitet hatte, über Gebühr auszunutzen, um den König in Abhängigkeit zu bringen, ihn zu demütigen und unmittelbar die Entscheidungen der Münchner Regierung zu beeinflussen, dachte der Kronprinz – der spätere Kaiser Friedrich III., der »Kaiser der 100 Tage« – hier ganz anders. Als die Finanznot Ludwigs 1884 ein beängstigendes Ausmaß angenommen hatte, bemerkte er einmal schnoddrig: »Es wäre gut, wenn wir dem bayerischen Hausvermögen so viel vorstreckten, daß Preußen der Hauptgläubiger auch des nächsten Königs würde: dann muß er tanzen, wie wir pfeifen, weil wir ihn sonst jeden Tag ruinieren können.« Bismarck lehnte dies mit dem Bemerken ab, er wolle den Bayern nicht das Gefühl geben, »daß ihr Königtum gewissermaßen in den Sold des preußischen Staates gestellt würde«. Im Gegensatz zum Kronprinzen hatte der Kanzler offenbar ein Gespür für Stimmungen und daraus erwachsende Konfrontationen.

Aber all dies waren nicht viel mehr als innenpolitische »Nachhutgefechte« in der großen Auseinandersetzung Preußens mit Bayern und den anderen süddeutschen Staaten seit 1864. Am 11. März 1864 hatte der König den Eid auf die bayerische Verfassung von 1818 geleistet, die erste moderne Konstitution, die im 19. Jahrhundert in einem deutschen Staat wirksam geworden ist. Anfangs schien Ludwig guten Willens, sein Königsamt voll wahrzunehmen, er widmete sich mit Begeisterung den Regierungsgeschäften, informierte sich über alle anstehenden Fragen, zeigte sich von rascher Auffassungsgabe. Aber schon ein Jahr nach dem Regierungsantritt erlosch sein Eifer. Auseinandersetzungen mit Ludwig von der Pfordten, seinem leitenden Minister, und dem Ministerium folgten. Auch am bayerischen Landtag stieß der Herrscherwille des Königs bald auf Grenzen, die von der beschworenen Verfassung gezogen waren. Und zu guter Letzt gab es inzwischen, neben der Eigenständigkeit des Ministeriums, eine mächtige Bürokratie, die sich zwischen Krone und Volk fest etabliert hatte. Ein Trend zur Verselbständigung des routinierten, politisch-bürokratischen Establishments gegenüber Herrscher und Parlament zeichnete sich ab, der sich nach Ludwigs Tod noch wesentlich verstärken sollte. Der junge König jedenfalls wurde hinsichtlich seiner politischen Möglichkeiten schon sehr bald desillusioniert.

Dies alles hätten indessen Anfangsschwierigkeiten bleiben können. Das bayerische Desaster im preußisch-österreichischen Krieg von 1866 jedoch, in dem Ludwig II. durch die Politik seines leitenden Ministers auf der Verliererseite stand, verdarb dem jugendlichen Monarchen die Lust an der Politik für immer: Ihm wurde klar, daß Bayern seine Rolle als Führungsmacht einer dritten Kraft im Deutschen Bund, wie sie Ludwig von der Pfordten konzipierte, verspielt hatte. Das war eine realistische Einsicht. Sie wurde durch den Schock verstärkt, den Bismarcks eiskalte »Liquidation« der Herrscherhäuser von Hannover, Hessen-Kassel und Nassau sowie der alten Reichsstadt Frankfurt auslöste. Seit dem Krieg trieb Ludwig deshalb das Verlangen abzudanken, um sich der Kunst zu widmen, eine Idee, die ihm 1866 sogar Richard Wagner auszureden suchte. Sicher nicht in völlig uneigennütziger Absicht: Die materielle Existenz des Komponisten hing damals noch weitgehend von der Huld des finanziell potenten Königs ab.

Von diesem Zeitpunkt an blieb das Leben Ludwigs eine Folge von Fluchten, deren beherrschendes Motiv in verschiedenen Variationen bis zu seinem Tod das Verlangen nach unbeeinträchtigter Privatheit, nach Selbstabschließung und Ruhe war. Die Angst, dem Hause Wittelsbach könne ein ähnliches Schicksal wie Hannover drohen, wenn es sich der Politik des »weißen Revolutionärs« in Berlin widersetzte, führte den bayerischen König zu dem einzig möglichen Schluß, daß nur durch Anlehnung an Preußen – bei möglichst zähem Verhandeln mit Bismarck – noch etwas zu retten sei. Daraus erklärt sich sowohl die tiefe Resignation wie auch die – übrigens nicht völlig erfolglose – Hinhaltetaktik Ludwigs bis zur Kaiser-Kür von 1871, durch die wenigstens ein Minimum an bayerischer Staatlichkeit innerhalb des Reiches gerettet werden konnte.

All das war realistischer als der dröhnende Widerstand der Patriotenpartei unter Dr. Jörg. Sich seiner prekären Lage deutlich bewußt, klagte Ludwig in einem Brief an Therese von Gasser vom 26. März 1871: »Wehe, daß gerade ich in solcher Zeit König sein mußte, selbst genöthigt war und gerade in bayerischem Interesse, jene schmerzlichen Opfer zu bringen.« Es war das Opfer der Souveränität im Interesse der Reichsgründung.

Es mag richtig sein, daß Ludwigs Verhalten taktisch zu wünschen übrigließ, wie seine Familie immer wieder monierte. Der von Bismarck vorformulierte »Kaiserbrief«, mit dem der Bayernkönig dem preußischen Monarchen ein deutsches Kaisertum antrug, hatte ihn wohl überrumpelt. Aber der Überbringer des Entwurfs, Graf Holnstein, immerhin Oberstallmeister des Königs, hatte bei der Unterredung mit Ludwig II. in Schloß Hohenschwangau noch immer größte Mühe, ihn zur Niederschrift des vorgeschlagenen Schreibens an König Wilhelm I. zu bewegen. Es kam zu heftigen Diskussionen, und der Graf deutete an, Ludwig gefährde seine Krone, wenn er Bismarcks Entwurf nicht übernehme. In der Tat gab es am Berliner Hof und in der preußischen Generalität Ideen, das bayerische Problem mit Hilfe des Ersatzheeres zu lösen, das gegebenenfalls in Bayern einmarschieren sollte. In der Sache selbst hat der König also richtig gehandelt, auch im Hinblick auf die reichstreue Gesinnung im bayerischen Heer und im national-liberalen Bürgertum.

In einem Brief an seinen Bruder Otto, der Ludwigs erzwungene Initiative in der Kaiserfrage beanstandet hatte und den König beschwor, »das Schreckliche« nicht zu tun, verteidigte der Monarch klar und pragmatisch sein Handeln: »Könnte Bayern allein, frei vom Bunde stehen, dann wäre es gleichgültig; da dies aber geradezu eine politische Unmöglichkeit wäre, da Volk und Armee sich dagegen stemmen würden und die Krone mithin allen Halt im Lande verlöre, so ist es, so schauderhaft und entsetzlich es immerhin bleibt, ein Akt von politischer Klugheit, ja von Notwendigkeit im Interesse der Krone und des Landes.« Es ist nüchterne »Politik des Möglichen«, die hier beschrieben wird. Allerdings in ihrer fatalistischen Variante: Abschied vom Unmöglichen.

Es konnte nicht überraschen, daß der Herrscher jetzt zunehmend von Depressionen heimgesucht wurde, machtlos wie er war gegenüber der »satanischen preußischen Politik«. Kaum verwunderlich, daß sich sein Abschied von der Politik nunmehr beschleunigte: Die Reichsgründung mit ihren gravierenden Folgen für Bayern wurde für ihn ein Freibrief zum fast völligen Rückzug aus dem öffentlichen Leben, zur Flucht in eine private Mythologie. Am deutlichsten tritt der Fluchtcharakter seines späteren Lebens beim Bau der Ritterburg Neuschwanstein in Erscheinung, einem Unternehmen, das mit der politischen Aktualität so gut wie nichts zu tun hatte und gerade deshalb auf jene bewußte Realitätsverweigerung hinauslief, die schon die Konzeption der »Venusgrotte« unverkennbar bestimmt hatte. Und welch dubiose Folgerichtigkeit: Gerade die von Bismarck veranlaßten Zahlungen an Ludwig II., die aus den Geldern des enteigneten Königshauses Hannover erfolgten, förderten jetzt dessen Verabschiedung vom politischen Königtum, indem sie den offiziell nach wie vor regierenden Monarchen immer tiefer in eine Traumwelt einzutauchen erlaubten, aus der er nicht mehr zurückkehren sollte.

Neuschwanstein: »Gralsburg« und seelische »Alpenfestung«

Wenn man sich auf der steilen, gewundenen Straße dem bei Füssen gelegenen Neuschwanstein nähert, mag man beim ersten Blick glauben, eine Art »Disneyland« zu betreten: Die Vielzahl der Türme und Türmchen, deren allzu helles Weiß sich von Felsenwänden abhebt, scheinen mehr die Karikatur einer mittelalterlichen Burg zu sein als ihre Nachschöpfung.

Der Bau erhebt sich auf einem schmalen Felsengrat, der jäh zur Pöllatschlucht abstürzt. Im dritten Obergeschoß liegen die Privatgemächer Ludwigs, im vierten ein Thronsaal byzantinischen Stils, überladen mit Schmuck und Wandmalerei, der sakralen Würde des Königtums gewidmet. Wichtiger noch ist der »Sängersaal«, ein Name, der noch vom Vorbild der Wartburg stammt, obwohl der gewaltige Raum dann Parzival geweiht wurde. Fresken, die einer Münchner Aufführung des »Tannhäuser« nachgestaltet wurden, schmücken die Wände. Dagegen greifen die Wandmalereien der Privatgemächer auf Themen verschiedener Sagenkreise zurück: die

Lohengrin-Sage im Wohnzimmer, das Leben Walthers von der Vogelweide im Ankleideraum, die Tannhäusersage im Arbeitszimmer und die Minnesänger am Thüringer Hof im Speiseraum. Eine Welt des schönen Scheins, eine idealisierte Vergangenheit, sentimental und fragwürdig, eine Collage romantischer Beliebigkeiten.

Das Projekt der Burg selber hatte schon Maximilian II. vorgeschwebt, als er die Burgruine der Herren von Schwangau kaufte, um ihr 1833 nach Plänen des Bühnenbildners Domenico Quaglio »ihre ursprüngliche mittelalterliche Gestalt wiederzugeben«. Das war eine Vorstellung ganz im damals modischen Stil des romantischen Historismus, der überall auf kümmerlichen Ruinenresten neue Rheinburgen entstehen ließ, auch üppig restaurierte Stammsitze wie die Hohenzollernburg, alles stets mit dem Wohnkomfort des späten 19. Jahrhunderts. In ganz Europa wurden Dom- und Klosterkirchen, die über Jahrhunderte Fragmente geblieben waren, zu Ende gebaut oder restauriert, sei es als nationale Monumente deutscher Kunst wie beim Kölner Dom, sei es als Rückbesinnung auf die führende Rolle der französischen Architektur im Hochmittelalter wie bei Notre Dame in Paris und Vézelay in Burgund oder bei der wehrhaften Königsstadt Carcassonne, die Violet-le-Duc erneuerte.

Doch hatten Kunstübungen solcher Art nur

wenig mit dem zu tun, was Ludwig II. baute. Von Anfang an nämlich waren seine Pläne mit der Ideenwelt Richard Wagners verbunden, der den König schon 1865, zu Beginn ihrer Freundschaft, in Hohenschwangau besuchte. Neuinszenierungen von »Lohengrin« und »Tannhäuser«, die Ludwig in München selbst mitgestaltet hatte, gingen der Bauplanung voraus und wirkten fort auf die Gestaltung der Innenräume: Operndekorationen als Vorbilder für Innenarchitektur. Fast selbstverständlich, daß der König auch hier auf modernste Stahlkonstruktion, Warmluftheizung und elektrische Aggregate zurückgriff. Aber Technik besaß für ihn keine ideologische, nämlich »modernistische« Bedeutung, sie war lediglich Vehikel seiner Träume, die ihre Verdinglichung suchten. Ganz gleich, ob Lohengrin sich mit Kahn und Schwan in elektrischer Beleuchtung nachts dem Ufer des Alpsees näherte oder ob der König dem Regisseur Friedrich Brandt den Auftrag gab, eine Flugmaschine in Form eines Pfauenwagens zu konstruieren, mit der man über das Wasser hinfliegen könne: Nicht *wie* es gemacht wurde, wollte er wissen, sondern die illusionistische Wirkung sehen und genießen.

An Richard Wagner, dem er schon 1866 seine Wünsche nach Flucht und Abdankung anvertraut hatte, schrieb er am 13. Mai 1868 – die Pläne für Neuschwanstein hatten damals einigermaßen Gestalt angenommen – einen feierlichen

Einladungsbrief, in dem sich fast kultische Verehrung für den Adressaten und eine Weltentsagung ohne Christentum seltsam vermischen: »Ich habe die Absicht, die alte Burgruine Hohenschwangau bei der Pöllatschlucht neu aufbauen zu lassen im echten Styl der alten deutschen Ritterburgen, und muß Ihnen gestehen, daß ich mich sehr darauf freue, dort einst zu hausen; mehrere Gastzimmer, von wo man eine herrliche Aussicht genießt..., sollen wohnlich und anheimelnd dort eingerichtet werden; Sie kennen Ihn, den angebeteten Gast, den ich dort beherbergen möchte; der Punkt ist einer der schönsten, die zu finden sind, heilig und unnahbar, ein würdiger Tempel für den göttlichen Freund, durch den einzig Heil und wahrer Segen der Welt erblühte. Auch Reminiscenzen aus Tannhäuser (Sängersaal mit Aussicht auf die Burg im Hintergrund) und Lohengrin (Burghof, offener Gang, Weg zur Kapelle) werden Sie dort finden; in jeder Beziehung schöner und wohnlicher wird diese Burg werden als das untere Hohenschwangau, das jährlich durch die Prosa meiner Mutter entweiht wird; sie werden sich rächen, die entweihten Götter, und oben weilen bei Uns auf steiler Höh', umweht von Himmelsluft.«

»Heilig und unnahbar« also. Das ist das Programm seines Bauens. Es lag fern vom Bannkreis der Politik, der auch sein Vater schon mehr

Wohl bei keinem Bau Ludwigs wird die operettenhafte Theatralik seines Architektur-Wollens so deutlich wie bei Neuschwanstein. Kunst erweist sich hier als Arrangement und als Kulisse, vor welcher der König sein zweites, erträumtes Leben zelebriert. Aber die Träume wirken weiter; bis heute ist Neuschwanstein ein internationaler Wallfahrtsort, prämodern und postmodern zugleich.

entflohen war, als dem Staatswesen gut tat, fern auch dem Lebensbereich seiner preußischen Mutter, die er seit 1866 offensichtlich noch weniger mochte als schon zuvor. Doch wie hoch man auch den Anteil der Wagnerschen Bilderwelt an der Ausmalung der Burgsäle einschätzen muß, die Gesamtkonzeption ging dann doch über die Vorstellung des Komponisten hinaus, auch wenn sich dessen romantische Kulissen in den Bilderfolgen wiederfinden. So kam es zu Differenzen. Zwar konzedierte Ludwig II. Wagner für die Neuinszenierung des »Tannhäuser« ein gotisches Bühnenbild, das den Sängersaal der Wartburg zeigen sollte, doch bestand er darauf, daß in seiner Burg der Bühnendekorationsmaler Christian Jank einen anderen, eher romanisch gehaltenen »Sängersaal« entstehen ließ. Später, bei der Ausgestaltung der Wohnräume, gab der König die Anordnung, »die Bilder in der neuen Burg sollten nach der Sage und nicht nach den Wagnerschen Angaben gemacht werden«. Nicht nur, daß seine Sympathie für den Komponisten sich verflüchtigt hatte: Vielmehr wollte er jetzt stärker aus der Welt der ursprünglichen Sage schöpfen; und es war nichts geringeres als der für ihn selbst so existenzielle Erlösungsgedanke des »Parzival«, dessen architektonische Manifestation Neuschwanstein als »Gralsburg« werden sollte. So erscheint es nur folgerichtig, daß der König auch im »Sängersaal«, der dem Vorbild der Wartburg noch am meisten verpflichtet ist, die anfangs geplanten Helden und Heiligen der Eisenacher Burg durch die Gestalten der Parzifalsage ersetzt wissen wollte.

Weitgehend selbständig entwarf der König Bau und Bilderfolge des Neuschwansteiner »Thronsaales«. War doch der Thron für ihn »Ausgang autoritativer Gesetzgebung«, wie sie der machtlose Herrscher sich erträumte: Ein Saal »in byzantinischem Stil« sollte entstehen, geschmückt mit den Bildnissen berühmter Gesetzgeber und heiliger Könige seit dem Altertum. In der Thronnische Christus als höchster Gesetzgeber, umgeben von Cherubinen und den Evangelistensymbolen, ihm zu Füßen die Gottesmutter und Johannes der Täufer.

Zum Theaterhaften dieses Interieurs gehörte, daß der Thronsaal niemals für Staatsakte gedacht war. Zu keiner Zeit von einem »realen Staatsapparat bevölkert«, war er, wie man gesagt hat, aus einem »letzten, gleichsam gespielten Aufflackern fürstlicher Souveränität« entstanden. Der König blieb »zugleich Produzent und der ausschließliche Konsument seiner Werke«. Und da der Thron selbst nicht mehr ausgeführt wurde, gleicht der Saal in seiner seltsamen, andachtsheischenden Leere fast einem Kirchenraum, wenn auch einem von ebenso hilfloser wie pompöser Aufwendigkeit – typisch für die ausufernde Bauwut des Königs, der gegen Ende seines Lebens offenbar gespürt haben muß, daß Bauen doch kein Ersatz für reales Königtum sein konnte.

Vielleicht liegt in diesem Ungenügen – halb bewußt, halb uneingestanden – auch der Grund dafür, daß in dieser Zeit byzantinische Bauwünsche Ludwigs, schon früher bisweilen gehegt, wieder in den Vordergrund treten. Erneut taucht das Projekt eines großen byzantinischen Palastes auf, ebenso die Idee eines »chinesischen« Schlosses am Plansee und einer zweiten mittelalterlichen Burg am Falkenstein bei Pfronten. Nichts davon ist je gebaut worden. Die erhaltenen Entwürfe gehen aber, was das Verhältnis von Funktion und Form anbelangt, ins Extreme, ja Absurde. Hofbaurat Max Schultze konzipierte einen Baldachin im »byzantinischen« Stil, der das Bett Ludwigs in Form eines Sarkophags aufnehmen sollte. Der Waschtisch war als eine Kombination aus Taufbecken und Tabernakel gedacht, ausgestattet mit Gerätschaften, die nach dem Schatz von San Marco in Venedig gestaltet waren. Kitsch, Nekrophilie, Blasphemie – es ist schwer, hier die Grenze zu ziehen; ein pathologisches Moment aber bleibt unverkennbar. Das Neben- und Durcheinander der Stile häuft, ja multipliziert sich. Auch für die Ritterburg Neuschwanstein war ein großer »Maurischer Saal« geplant, was um so widersprüchlicher wirkte angesichts des fanatischen Ernstes, mit dem der König sonst bei seinen Bauten auf »Stilreinheit« und »Echtheit« drang, während er zugleich den gegeneinander gesetzten Stilmaskeraden des Historismus huldigte.

Ja, mehr noch: Nicht nur Repräsentant des Zeitgeschmacks, sondern Vorläufer einer modernistischen Anti-Kunst, nahm Ludwig das überkommene Formengut nur noch als Spielmaterial, verfremdetes Sachgut, das »Spolie« für etwas ganz anderes, nämlich Originäres sein wollte. Mit Venusgrotte und Neuschwanstein, seinen wohl genuinsten Schöpfungen, hat er am Ende des 19. Jahrhunderts in seinen theaterhaften Ensembles die postmodernen Installationen und Environments sowie deren ideellen Zitatcharakter vorweggenommen – wenn auch noch in historisierender und mythologisierender Abwandlung. Dies vor allem macht seine ambivalente »Modernität« aus, und damit seine Nähe zum Zeitgeschmack des zu Ende gehenden 20. Jahrhunderts.

Der Sturz

LUDWIG AHNTE NICHT, DASS DIE PATHETISCHE Kulissenkunst seiner Schwanenritter- und Gralsburg einmal die Bühne seines Scheiterns werden sollte: »auf steiler Höh'« zwar, aber nicht mehr »umweht von Himmelsluft«. Denn in Neuschwanstein spielte jenes düstere Stück im Leben seines Erbauers, dessen letzte Szene, Jahre später, das Ende im Starnberger See sein sollte: die Festnahme durch den Arzt Dr. Gudden und dessen Helfer, eine Szene, wie sie in ihrer Mitleid erzwingenden Mischung aus Tragik und Absurdität nur die Wirklichkeit hervorbringen kann.

Erste Anzeichen der Katastrophe waren seit langem wahrgenommen worden. Ausmaß und Art von Ludwigs psychischer Erkrankung mögen umstritten sein, ebenso wird man im nachhinein fragen können, ob die Schulden der Hofkasse nicht eher Symptom als Anlaß für die Entmündigung des Herrschers gewesen sind. Eins aber steht fest: Selbst wenn Ludwig nicht krank gewesen sein sollte, regierungsunfähig war er zu diesem Zeitpunkt längst; sein politischer Absentismus allein schon erzwang im Interesse der Monarchie die Einsetzung einer Regentschaft.

Auch in Berlin sah man wohl keinen anderen Ausweg. Bismarcks Rat, Ludwigs Geldprobleme vor die beiden bayerischen Kammern zu bringen, lief im Grunde darauf hinaus, eine Einmischung zu vermeiden, gleichzeitig jedoch der Entmündigungsprozedur durch größtmögliche Öffentlichkeit jeden Verdacht zu nehmen. Der Reichskanzler befürchtete nämlich, »daß das Vorgehen von oben, das heißt von Seiten der Agnaten (des Hauses Wittelsbach) und des Ministeriums, als eine Palastrevolution von Übelwollenden gedeutet werden könne«. Er fügte hinzu, daß er dabei das Interesse des Prinzen Luitpold im Auge habe, dessen Stellung leichter sein würde, »wenn der Anstoß zum Handeln aus der Mitte der Volksvertretung Seiner Königlichen Hoheit entgegen gebracht wird. Ergreift der Prinz selbst die Initiative, so würde vielleicht ein gewisses Odium auf ihn fallen.«

Wohlerwogene und – wie eine gehässige Legendenbildung um Ludwigs Tod zeigen sollte – auch prophetische Worte. Bismarck konnte sich aus dieser Sache um so besser heraushalten, als der kranke König am Ende seiner Regierung einen radikalen Kurswechsel beabsichtigte: Hatte er bisher den kulturkämpferischen Minister Johannes Lutz, den Vertrauensmann Berlins, gegen seinen als »ultramontan« geltenden Onkel Luitpold, gegen die hochkonservative Hofkamarilla, gegen Patriotenpartei und Kirche unterstützt, so wollte der König jetzt einen Schwenk vollziehen. Nicht aus politischer Überzeugung oder gar in der Absicht, selbst zum Regentenamt zurückzukehren, sondern einzig und allein, um ein willfähriges Ministerium zu haben, das ihm in seiner Bau-Manie entgegenkommen und die angelaufenen Schulden irgendwie aus der Welt schaffen würde. Das war ebenso unklug wie einst der Versuch Ludwigs I., die Lola-Montez-Affäre dadurch zu meistern, daß er anstelle des konservativen Ministeriums Abel hastig ein liberales Ministerium berief, ein Schritt, der ihn jeglicher Glaubwürdigkeit beraubte und seinen Thronverzicht einleitete.

Auch im Falle Ludwigs II. wendete sich nun das Blatt. Prinz Luitpold, offenbar bestrebt, das Odium des antipreußischen Klerikalen loszuwerden, verband sich mit dem Minister Lutz und gewann dadurch in Berlin Vertrauen. Jetzt hatte er den Rücken frei, die nötigen Schritte zur Entmündigung seines Neffen einzuleiten, auch wenn er es nur mit größtem inneren Widerstreben tat. Besser wäre es zweifellos gewesen, hätte man nach Bismarcks Rat die Volksvertretung eingeschaltet; aber die maßgeblichen bayerischen Politiker äußerten die Befürchtung,

Als Ludwig II. sich 1881 während einer Reise durch die Schweiz mit seinem Freund Josef Kainz, einem damals berühmten Schauspieler, photographieren ließ, ist sein Äußeres bereits von Alkohol und Einsamkeit gezeichnet. Doch eine rührende Geste der Höflichkeit: Der König sitzt, zweifellos dem Freund zu Gefallen, den er weit überragt haben muß. Kurz darauf allerdings zerbrach die emphatische Freundschaft mit Kainz.

bei einer Beratung der Schuldenfrage in den Kammern würden Dinge zur Sprache kommen, die ein Weiterregieren des Königs unmöglich machten. Ein denkbar schlechtes Argument: Auf eine Abdankung lief ja ohnehin alles hinaus. Um so angebrachter wäre deshalb ein öffentliches Vorgehen gewesen.

Wie dem auch sei, das Drama lief jetzt auf der Grundlage von Aussagen ab, welche die engste Umgebung des Königs über dessen Gemütsverfassung machte. Dr. Bernhard von Gudden, damals berühmt als Professor der Psychiatrie – er hatte als erster mit Erfolg »offene« Irrenanstalten organisiert, um den Patienten das Gefühl persönlicher Freiheit zu geben –, faßte die Beobachtungen zu einem ärztlichen Gutachten zusammen. Obwohl er den König niemals untersucht hatte, lautete der Befund, der in mehr als einem Sinne ein Urteil war, auf »Paranoia«, »primäre Verrücktheit«. Daraufhin wurden die Schritte eingeleitet, die man jetzt für nötig hielt. Eine Proklamation der Minister verkündete den Tatbestand der »Reichsverwesung«, der Landtag sollte zum Zwecke der Zustimmung einberufen werden und Prinz Luitpold, der Onkel des Königs, die Regentschaft übernehmen.

Erst nach wochenlangem Zögern entschloß sich der Prinz zu dem entscheidenden Schritt. Indessen waren trotz strengster Geheimhaltungspflicht Einzelheiten zur Presse durchgedrungen. Schon am 27. Mai 1886 konnte die »Wiener Allgemeine Zeitung« berichten, daß gegen den König Maßnahmen eingeleitet worden seien, von welchen dieser selbst bislang keine Ahnung habe. Am 29. Mai wurde die Meldung von den »Münchener Neuesten Nachrichten« übernommen. Von offizieller Seite erfolgte – natürlich – ein Dementi.

Was dann kam, begann hilflos-burlesk und endete tragisch-grotesk. Als Vorausabteilung begab sich am 9. Juni 1886 eine Kommission nach Neuschwanstein, darunter der Minister des Äußeren und des königlichen Hauses, Friedrich Freiherr von Crailsheim, die Reichsräte Graf Holnstein und Clemens Graf Törring-Jettenbach sowie Dr. Gudden. Um ein Uhr nachts – der König hatte gerade eine Ausfahrt angeordnet – drang Holnstein in die Burg ein und befahl den Bediensteten die sofortige Rückkehr nach Berg am Starnberger See. Ein Lakai, nach oben stürzend, schlug Alarm. Als um vier Uhr morgens die »Fangkommission« am Schloßportal vorfuhr, wurde sie von Gendarmen, Feuerwehrmännern und dem Schloßpersonal empfangen – mit durchgeladenen Gewehren. Crailsheim, Törring-Jettenbach und Holnstein verhaftete man auf der Stelle, später auch Dr. Gudden und die anderen Kommissionsmitglieder. Der König, außer sich vor Zorn, wollte den Gefangenen die Augen ausstechen, sie foltern und ihnen die Haut abziehen lassen – so wenigstens die Aussage des wenig vertrauenswürdigen Holnstein. Dennoch wurden sie kurze Zeit später freigelassen und fuhren nach München zurück.

Nach der Abreise der Kommission telegraphierte der König an seinen Flügeladjutanten Alfred Graf Dürckheim-Montmartin in Steingaden, der sofort herbeieilte. Ludwig berichtete ihm, fragte um seinen Rat: »Was beabsichtigt man mit mir? Man kann mich doch nicht als einen Wahnsinnigen behandeln? Das Ganze ist nur eine Geldfrage. Wenn mir jemand hier auf den Tisch ein paar Millionen Mark legte, wollte ich sehen, ob man mich für wahnsinnig halten würde!«

Dahinter standen Überlegungen, die Ludwig schon früher geäußert hatte: der Wunsch, gegen viel Geld zugunsten eines Verwandten abzudanken oder überhaupt sein Königreich an Preußen zu verkaufen. Eine absurde Idee. Offenbar war er sich am 9. Juni nicht darüber im klaren, daß sich sein Fall inzwischen zu einer hochpolitischen Affäre ausgewachsen hatte, die nicht mehr finanziell bereinigt werden konnte. Aus diesem Grund schlug Graf Dürckheim-Montmartin dem König vor, unverzüglich nach München zu fahren und sich dem Volke zu zeigen, ein Rat, der übrigens auch von Bismarck gegeben worden war, dem Ludwig ebenfalls telegraphiert hatte. Gleichwohl wich der König mit dem Hinweis aus, er sei zu müde, die Stadtluft bekomme ihm nicht, kurz: Er blieb entschlußlos. Auch den zweiten Vorschlag Dürckheim-Montmartins, rasch über die Grenze nach Tirol zu fliehen, lehnte er ab.

Tatsächlich war in Ludwig jegliche Widerstandskraft erloschen. Der Gedanke an Selbstmord, bisweilen schon in früheren Jahren geäußert, scheint in jenen Stunden stark gewesen zu sein; seine Umgebung fürchtete das Schlimmste. Der König verlangte den Schlüssel zum Schloßturm, wahrscheinlich, um sich in die Pöllatschlucht zu stürzen, aber unter irgendeinem Vorwand wurde er ihm nicht ausgehändigt. Dafür erschien in der Nacht vom 11. zum 12. Juni erneut die »Fangkommission« in Neuschwanstein, um den Monarchen mit dem angeblich wiedergefundenen Schlüssel aus seinen Privatgemächern zu locken. Diese List gelang. Ludwig – in den letzten Jahren beleibt geworden – trat in die Tür. »Ja, was wollen Sie denn? Was soll denn das?«, mehrfach wiederholt, war alles, was er bei seiner Festnahme äußern konnte. Gudden war geschickt genug, den König durch die umständliche Vorstellung der Kommissionsmitglieder etwas abzulenken. Danach erkundigte sich Ludwig nach dem Befinden seines Bruders Otto, unterbrach aber die Antwort mit der Frage: »Wie können Sie mich für geisteskrank erklären, Sie haben mich ja vorher gar nicht angesehen und untersucht?« Gudden verwies ausweichend auf das »erdrückende Aktenmaterial«. Darauf der König: »So? Also Prinz Luitpold hat es jetzt glücklich so weit gebracht; hätte er nur ein Wort gesagt, dann hätte ich die Regierung niedergelegt und wäre ins Ausland gezogen ...«

Nach allerlei Peinlichkeiten – Ludwig verlangte vom Kammerdiener Mayr Zyankali – ließ er sich widerstandslos in der Kutsche nach Schloß Berg fahren, ein Domizil, das er häufig aufgesucht hatte. Was dann kam, ist bekannt: Gudden meinte, der Entthronte habe sich beruhigt und mit seinem Schicksal abgefunden; Ludwig durfte daher im Park und zum See spazieren. Am 14. Juni ging er einfach in das Wasser hinein. Gudden scheint ihm gefolgt zu sein, wollte ihn zurückholen. Ob es zu einem Kampf zwischen beiden Männern kam, ist ebenso umstritten wie die angebliche geheime Rettungsaktion, die ihn in letzter Minute »seinen Häschern« entreißen sollte; sie ist bereits Bestandteil der Ludwiglegende.

Bei näherer Prüfung der Dinge bleibt alles Gerücht und Kombination, geboren aus erregter Volksphantasie. Albern und ungerecht war es in jedem Fall, den Prinzregenten Luitpold als »Königsmörder« zu denunzieren; dieser hatte sich in jeder Hinsicht fair verhalten. Aufschlußreich

Diese Ölskizze von Koppay, die den in der Hofkapelle zu München aufgebahrten Leichnam des Königs zeigt, weist bereits auf das Kommende: Die Züge des bayerischen Monarchen sind fast die eines Märtyrers oder eines Heiligen. Mit der Entstehung der Legende aber begann Ludwigs zweites Leben auf Erden.

ist hingegen, daß in München die Stimmung, die Ludwig gegenüber zuvor aus mancherlei Gründen eher kritisch gewesen war, jetzt plötzlich zu seinen Gunsten umschlug. War man bislang von dessen Geistesgestörtheit mehr oder weniger überzeugt gewesen – das bayerische Wort »spinnert« hat ja eine große Bedeutungsspanne, die von leicht übergeschnappt, exzentrisch bis zu psychisch krank reicht –, sog man jetzt die widersprüchlichsten Gerüchte um Ludwigs Tod gierig und sensationslüstern auf. So wurde der Tod zum Anfang von Ludwigs zweitem Leben, das ihn zu einer Kultfigur mit fast heiligenmäßigen Zügen machte und nur noch wenig mit jenem befremdlichen Gewirr von Eigensinn und Schwärmertum, Pomp und Schuldenwirtschaft, Selbstbehauptung und lustvoller Unmündigkeit zu tun hatte, das die eigentliche Geschichte des bayerischen Königs ausmacht.

Ludwig II. als Kultfigur

Konfrontieren wir die Persönlichkeit Ludwigs II. mit den »hagiographischen«, teilweise irrationalen Zügen seines Nachlebens! Fragen drängen sich auf: Besteht vielleicht ein Zusammenhang zwischen gewissen Objekten seines Kunstwollens und der ästhetischen Qualität der »Ludwigs-Devotionalien«? Warum ist der Schöpfer der »Kunststadt« München, Ludwig I., der Flut des Devotionalien-Kitsches fast völlig entgangen, nicht aber sein Enkel? War es wirklich nur Ludwigs Tod, der ihn so »interessant« machte?

Es war sein gesamtes Leben, von dem Faszination ausging, auch von seinem politischen Schicksal. Der Gang der deutschen Geschichte, oder genauer: Bismarcks Einigungsmaschinerie, die durch Gewalt, Liebenswürdigkeit oder List alle Widerstände niederwalzte, befeuert und gespeist von der Euphorie einer machtvollen nationalliberalen Bewegung – das waren Kräfte, denen auch ein Stärkerer nicht gewachsen gewesen wäre. So wurde Ludwig gleichsam aus der Politik entfernt und herausgetragen. Bismarcks Verhalten gegenüber dem König in der Einheits- und Kaiserfrage zeigt jedoch, daß er den Wittelsbacher und dessen wohlgeordneten Staat keineswegs unterschätzte. Und umgekehrt war auch Ludwig selbst vom deutschen Einheitsgedanken erfaßt und damit im Hinblick auf bayerische Sonderinteressen immer wieder gelähmt, als ihm zwischen 1866 und 1871 eine harte politische Option zwischen deutscher Einheit und bayerischer Eigenständigkeit aufgezwungen wurde.

Es war eine bittere Option, die seinem Großvater Ludwig I. und dessen »teutscher« Reichsideologie wie auch seinem Vater Max II. noch erspart geblieben war. Ludwig II. – mütterlicherseits selbst Preuße und Hohenzoller, was eine populäre Verehrung oft zu verdrängen scheint – hat in einer höchst gefährlichen Zwangslage das gerade noch Mögliche herausgeholt, und dies im vollen Bewußtsein der Tragweite seiner Entscheidungen für die Eigenständigkeit Bayerns. Seine immer radikaler werdende Abwendung von der Politik seit 1870 hatte gute Gründe, ebenso die Zunahme seiner traumatischen, antipreußischen Gefühle. Illusionen über die Möglichkeiten Bayerns kann man ihm auf keinen Fall nachsagen; hier war er eher ein pessimistischer Realist.

So erscheint denn Ludwigs Rückzug in eine

ästhetische Kunstwelt keineswegs so irrational oder krankhaft, wie oft behauptet wird. Baron Georg von Franckenstein, ein konservativer Politiker, der dem König vor allem in seinen letzten Jahren nahestand, fand ihn noch 1884 in Gesprächen durchaus wohlinformiert und von treffendem sachlichem Urteil. Auch seine persönlichen Geldforderungen an Preußen, die er mit großer Hartnäckigkeit durchsetzte, sprechen gegen eine vorzeitige, wahnhafte Verabschiedung von der Realität.

Über den Charakter dieser Zahlungen streitet man sich übrigens bis heute. Daß der Kanzler dafür den sogenannten »Welfenfonds« heranzog, also Gelder, die aus der Liquidation des Königreiches Hannover stammten, steht fest; ob sie »legal« waren, ist eine andere Frage. Immerhin fällt auf, daß das Geld über ein Schweizer Geheimkonto lief. Noch merkwürdiger jedoch ist, daß man sich bei der Überweisung einer sinistren Figur wie des Grafen Holnstein bediente, der mit einer Provision von zehn Prozent einen guten Schnitt machte. Nach Legalität sieht dies alles kaum aus, aber da der König damals durch seine Bauleidenschaft schon in ein Netz von finanziellen Verpflichtungen verstrickt war, konnte er nicht mehr wählerisch sein: Er wollte und mußte weiterbauen, mit welchen Geldern auch immer. Noch in seinem Todesjahr schrieb er an seinen Innenminister Max von Feilitzsch:

»Seit der beklagenswerte Zustand in der Kabinettskasse herbeigeführt wurde und die Stokkung bei meinen Bauten, an welchen mir so unendlich viel gelegen ist, ist mir die Hauptlebensfreude genommen, alles andere ist gegen diese verschwindend.« Das war die reine Wahrheit.

Nicht ausgeschlossen, daß man mit dem Stichwort der Lebensverweigerung bereits eine wesentliche Ursache von Ludwigs Popularität, ja Faszination erfaßte. Doch kommt anderes hinzu. Es war immer auch seine Widersprüchlichkeit, die scheinbar unvereinbaren Facetten seines Charakters, die ihn mit der Aura des Ungreifbaren, des Schillernd-Geheimnisvollen umgaben. Einerseits eignete Ludwig eine schwärmerisch überhöhte Frömmigkeit, die durch seinen ständigen Kampf gegen eine homoerotische Veranlagung noch zusätzlich eine Dimension der Ausweglosigkeit und Verzweiflung erhielt; andererseits erstaunt seine Passivität, ja Gleichgültigkeit im ausbrechenden Kulturkampf, in dem Bismarck den politischen Katholizismus niederringen wollte. Ludwig zog hier mit, das heißt, er ließ im großen Ganzen seinen eher liberalen Ministern freie Hand. Ja, dem prononciert freidenkerischen österreichischen Kronprinzen Rudolf, den er sehr liebte und den er sich zeitweise sogar als Nachfolger für Bayern wünschte, schrieb er einmal: »Das

Volk soll nur seinem guten katholischen Glauben treu bleiben mit den wohlthuenden Vertröstungen auf ein Jenseits, seinen Wundern und Sakramenten, dem Gebildeten aber können, wie Du so richtig sagtest, diese veralteten Anschauungen unmöglich genügen.« War das ernst gemeint oder nur eine freundschaftliche Konzession an den Briefempfänger? Mißtrauen gegen den Ultramontanismus der Zeit war bei Ludwig auf jeden Fall vorhanden, zumal er dessen Vertretern die hartnäckigen Widerstände gegen seinen verehrten Freund Richard Wagner und dessen Werk zuschrieb. Und doch tat Ludwig nichts gegen das scharfe Vorgehen der Kirche gegen Ignaz von Döllinger, dessen kritische Auffassungen über das Unfehlbarkeitsdogma des Papstes in Glaubensfragen er im Grunde teilte.

Welch lange Liste innerer Widersprüche: Auf der einen Seite Richard Wagner, auf der anderen Seite jene Hofmusiker wie Max Zenger, die in Ludwigs Auftrag miserable Aufgüsse haydnscher Kompositionen schrieben. Wahrscheinlich hatte Wagner recht mit seiner Bemerkung, der König sei »ganz unmusikalisch und nur mit einem poetischen Gemüt begabt«. Auf der einen Seite die begeisterte Versenkung in die düster dräuende Götterwelt der germanischen Sage, auf der anderen die Vorliebe für den geschnörkelten Hofstil des französischen Absolutismus. Auf der einen Seite das Feinfühlige, zur Sentimentalität Neigende, auf der anderen, vor allem in späteren Jahren, eine bisweilen erschrekkende Gefühlsrohheit: Die eigene Mutter nannte Ludwig einmal wegwerfend »die preußische Gebärmaschine«, eine Bemerkung, die sich kaum mit seinem politisch verständlichen, steigenden Haß gegen alles Preußische entschuldigen läßt.

Aber auch mit seiner Sympathie für sein bayerisches Volk hatte es eine eigene Bewandtnis. Ludwig hat aus seiner Abneigung gegen das Volk, aus seiner Volksverachtung nie ein Hehl gemacht, wenn es sich auch seine Umgebung aus politischen Gründen immer angelegen sein ließ, diesbezügliche Äußerungen gegen die Öffentlichkeit abzuschirmen. Seine vielgerühmte Liebe zu Bayern galt weniger Land und Leuten als dem angestammten Besitztum des Hauses Wittelsbach; womit es eine Art der Sympathie war, die sich letztlich auf ihn, den Monarchen selbst bezog. Seine Schlösser betrachtete er als »geweihte Stätten«, die vom Volk nicht gesehen werden durften; der Blick des Volkes – so berichtet der Kabinettssekretär Friedrich von Ziegler – würde sie »entweihen, besudeln«.

Ähnlich zweideutige Züge zeigt auch das Verhältnis des Königs zur bayerischen Armee, jenem »ruhmreichen Heere«, von dem er 1870/71 mit großartigem Gestus sprach. Es hatte im deutsch-französischen Krieg in den Schlachten von Weißenburg, Wörth und Sedan schwerste Verluste erlitten und war stark dezimiert in die Heimat zurückgekehrt. Was Ludwig bei der Heimkehr der Soldaten allenfalls einfiel, steht in einem Brief vom 24. März 1871 an seine frühere Erzieherin Sybille Meilhaus: »... Viel fürchte ich von dem Einflusse der nun bald zurückkommenden Truppen, die jene verdammten preußenfreundlichen, deutschschwindlerischen Ideen im ohnehin angesteckten Volke noch mehr verbreiten werden.«

Diese Einschätzung war allerdings durchaus zutreffend: In der Tat war die aus der Waffenbrüderschaft des Krieges erwachsene reichsfreundliche Gesinnung der Truppe ein wichtiger Faktor der politischen Situation, der jedes bayerische Ausscheren aus der deutschen Einheit zum staatlichen Selbstmord à la Hannover gemacht hätte. Entsprechend reserviert war Ludwigs Verhalten bei den Münchner Siegesfeiern, deren deutscher Grundton ihm – schon wegen der Anwesenheit des preußischen Kronprinzen – verhaßt sein mußte. Aber es fiel auch kein Wort über die schweren Opfer der bayerischen Soldaten.

Das war nicht lediglich Verzweiflung über den geschichtlichen Moment, in dem alles für Deutschland, nichts für Bayern sprach, sondern auch jene Indifferenz gegenüber den eigenen Untertanen, welche den König schon früher bestimmt hatte. So am Nachmittag des 7. August 1870, als der Wagen für die übliche Spazierfahrt bereitstand. Da stürzte sein Sekretär August von Eisenhart erregt mit der Druckfahne eines Teiltelegramms über die Schlacht von Wörth herbei und rief Ludwig zu: »Ein Telegramm von höchster Wichtigkeit über eine große und, wie es scheint, siegreiche Schlacht! Der Schluß mit der Entscheidung steht noch aus. Majestät müssen mit der Ausfahrt noch etwas warten!« Darauf der Monarch: »Ein König muß niemals etwas!«, stieg ein und blieb eine Stunde länger als gewöhnlich. Welch merkwürdige Interesselosigkeit gegenüber den kämpfenden bayerischen Truppen. Der Pariser »Figaro« traf wohl ins Schwarze, als er 1874, anläßlich des Besuches Ludwigs im geliebten Versailles, halb entschuldigend, halb ironisch über den Bayernkönig schrieb, dieser habe 1870/71 seine Soldaten »nur auf dem Piano begleitet«.

Es mildert Ludwigs generelle Abneigung der Menge, dem Volke, dem »Pöbel« gegenüber kaum, wenn in manchen Anekdoten von seinem leutseligen Betragen zu Holzfällern und einfachen Landleuten berichtet wird. Das war eher Laune oder herablassende Volkstümelei, nicht mehr. So hielt sich die vielzitierte »Beliebtheit« des Königs durchaus in Grenzen. Festzustellen war sie ohnehin nur dort, wo er durch seine Bauleidenschaft für Beschäftigung sorgte;

Das operettenhafte Pathos, mit dem der König sein Leben zu erfüllen gedachte, hat auch noch seinen Tod und seine Legende umgeben: »Ein ewiges Geheimnis« heißt dieses Gemälde von Angelo Graf von Courten, ein Produkt jenes Ludwigkultes, der aus den bis heute nicht ganz geklärten Umständen seines Todes am Starnberger See entstand und hinter dem das wirkliche Leben des Königs nahezu verschwunden ist.

denn es handelte sich fast ausschließlich um ländliche, abgelegene Regionen ohne Industrie, wo sein Wirken »Brot« bedeutete.

Und welche Rolle spielen Architektur und bildende Kunst für die ungewöhnliche Wirkungsgeschichte des sich selbst stilisierenden »Märchenkönigs«? Noch immer stößt man auf das Mißverständnis, die Bauwerke Ludwigs II. stünden in der großen wittelsbachischen Tradition absolutistischer Staats- und Repräsentationsbauten, zu denen als letzter Höhepunkt die klassizistische Erneuerung Münchens unter König Ludwig I. gehörte. Dabei hätte schon die Tatsache stutzig machen müssen, daß sich die Bautätigkeit Ludwigs eben nicht auf die »Haupt- und Residenzstadt« München konzentrierte, sondern in ländlicher, ja unwirtlicher Umgebung angesiedelt war: in Linderhof, das heißt in einem entlegenen Hochgebirgstal; auf einer Seeinsel, wo die Kopie von Versailles entstand; auf einer romantischen Bergspitze mit gewaltigem Naturpanorama: Neuschwanstein. Das war alles andere als »Staatsarchitektur« im landläufigen Sinne.

Und doch, trotz allem: Nach Ludwigs Tod hat sich, besonders in Altbayern, eine Sympathie für diesen politisch wenig erfolgreichen Außenseiter und Aussteiger entwickelt, die sich aus dem zwar unbestimmten, aber ständig wachsenden Bewußtsein speiste, daß mit dem König auch das Land insgesamt seine Eigenständigkeit verloren hatte, und so ist Ludwig – mehr oder weniger bewußt – zur Symbolfigur der erzwungenen Abdankung bayerischer Eigenstaatlichkeit geworden. Die hartnäckigen Gerüchte um die politischen Hintergründe seines Todes haben in diesem weitverbreiteten Gefühl politischer Zurücksetzung ihre tiefere Quelle. Das erklärt die trotzige Solidarisierung, die das Volk mit dem unglücklichen König verbindet: Sein Tod hatte für das bayerische Staatsbewußtsein gleichsam überindividuelle Bedeutung angenommen. Insofern scheint im berühmten König-Ludwigs-Lied eine tiefere historische Wahrheit auf, als sie der schlichte Text erkennen läßt: Hier macht sich ein gekränktes Volk Luft und kürt sich einen Märtyrer.

So kommt es, daß Ludwigs II. Gestalt und Geschichte, nachträglich verklärt, zum Mythos bayerischer Souveränität geworden sind, zum Bild jenes gefühlvoll besungenen und vereinsmäßig gefeierten, im tiefsten »mit seinem Volke verbundenen Märchenkönigs«, der Ludwig in Wahrheit nie gewesen ist. Wie wohlmeinend ist solche folkloristische Hagiographie, wie weit entfernt jedoch auch von seinem eigentlichen Wesen und Wollen! So zeigt ihn eine dem Ludwigslied angefügte Schnadahüpflweise als Opfer feindlicher Mächte:

»Und an Max hams vagift, an Ludwig
dadrängt,
Jetzt steht's nimmer lang o, wird der Otto
aufghängt.«

Epilog

Geschichte als populäre Tradition ist eine zwielichtige Pythia. Sie schafft und tradiert Mythen, stürzt große Persönlichkeiten ins Nichts des Vergessens und hebt andere aus der Puppenkiste des großen Welttheaters wieder hervor: ein bewegendes Schauspiel, ernst und lächerlich zugleich.

Fast könnte man sagen, daß das wahre Leben König Ludwigs II. erst mit seinem Tod im Starnberger See begann. Doch gibt es genügend Momente seines realen Daseins, denen Dramatik, sicher auch Tragik im klassischen Sinne nicht abzusprechen ist. Einst, als er sich noch in der Geste des Königs und Staatsmannes gefiel, hatte Ludwig mit strenger Autorität die Entmündigung und Einschließung seines Bruders Otto in Schloß Nymphenburg verfügt, und zwar auf eine Weise, die sich der spätere Prinzregent Luitpold, den Ludwig sarkastisch den »Prinzrebellen« nannte, 1886 niemals angemaßt hätte, wenn dies nur irgend vermeidbar gewesen wäre. Nemesis auf der Schicksalsbühne?

Bitter und wahrhaft tragisch war Ludwigs Einsicht, daß er kein wirklicher König mehr war. Darüber konnte ihm nichts hinweghelfen, auch nicht die Herrschaftsillusion, ein wahrhaft »königlicher« Bauherr zu sein. Seine phantasievollen, eher mythisch als historisch gemeinten und meist doch nur kulissenhaften Innenarchitekturen mögen zwar heute einem modischen, postmodernen Geschmack ästhetischer Beliebigkeit in mancher Hinsicht nahe sein; ihre künstlerische Qualität bleibt dennoch zweifelhaft – oder vielfach unzweifelhaft mißglückt. Vergleicht man seine Figurinenwelt mit der blühenden Malkultur des zeitgenössischen Impressionismus oder gar mit den Plastiken Auguste Rodins, dann ist es nicht weniger als peinlich, die Werke jener patriotischen Maskenbildner in Marmor, Metall und Farbe zu betrachten, ganz gleich, ob es sich um Christian Jank oder Eduard Schwoiser, Wilhelm Hauschild oder Eduard Ihle handelt. Selbst zu ihrer Zeit waren sie schon antiquiert und in schlechtem Sinne akademisch, kaum mehr als künstlerische Erfüllungsgehilfen des Königs.

Ähnliches gilt für Ludwigs Theaterleidenschaft; sie galt mittelmäßigen bis miserablen Stücken, die er meist »auf Bestellung« anfertigen ließ. Es waren besonders Dramen aus dem Milieu des Versailler Hoflebens, deren Wert für den König vor allem darin bestand, daß sie ihm das kritiklos geliebte französische Königtum des 18. Jahrhunderts nahebrachten; jedenfalls meinte er das und genoß die Illusion »wahren«, absolutistischen Herrschertums, von dem er selbst weit entfernt war.

Aber Ludwigs Leben bedurfte nicht des Theaters, sondern war es selber. Zwar fehlte seit 1886 der ideenreiche und eigenwillige Selbstinszenator dieser Biographie, der solipsistische Regisseur, der gekrönte Salvador Dali, der sich die Theaterkultplätze selber schuf, auf denen er als Darsteller und ingeniöser Arrangeur seiner selbst agierte. Aber die Wirkung seines fragwürdigen »Kunstwollens« überlebte ihn, ja sie nahm sogar zu – bis heute.

Für das Zeitalter der »Postmoderne« gilt, daß die Grenzen zwischen Kunst und Kitsch wenn nicht aufgehoben, so doch – viel weitergehend – bis zu einem gewissen Grade gegenstandslos geworden sind: Die ästhetische »Botschaft« kommt aus der Verfremdung verschiedenartigster, teilweise historischer Materialien. Davon hat Ludwig II. vieles vorweggenommen, wenn er auch noch naiv an die innere »Echtheit« seiner geschichtlich-mythischen Rekonstruktionen glaubte; für ihn gab es keine ironische Distanz zu seinen Objekten, nur schwärmerische Identifikation. Das trennt ihn wieder vom postmodernen Umgang mit den »Spolien« vergangener Kultur und Geschichte, aus denen sich auch sein Weltbild zusammensetzte; und doch bleibt die Art und Weise bestechend, in der sich der König selbst in seine Kunstproduktionen einbezog. Die freiwilligen oder angemieteten Statisten dieses Spiels, dessen Kulissen wirkliche Architektur und echte Environments waren, spielen unentwegt weiter.

Und Ludwig II. selbst? Was bleibt von ihm am Ende? Der Blick auf eine fremde, innerlich verstörte Figur, die tiefere kulturelle Verstörungen der Zeit gleichsam vorwegnahm. Eine weit entfernte Figur, eingehüllt in den Mantel einer nachträglichen Popularität voller Mißverständnisse, die über das jeweilige Zeitalter mehr aussagen als über den wittelsbachischen König der Reichsgründungsepoche. Er selbst litt am meisten darunter. Nicht ohne Rührung liest man daher das Interview, das der König im Februar 1882 dem amerikanischen Schriftsteller Lew Vanderpoole gab: »Beleidigungen verletzen mich so tief, daß sie mich entwaffnen, sie drükken mich zu Boden, und sicherlich werden sie mich eines Tages vernichten ... Ich kann wahrhaftig ohne Übertreibung sagen, daß ich von Natur aus wohlwollend und großzügig bin. Und doch habe ich in meinem ganzen Leben nicht eine Wohltat erwiesen, die der Empfänger mich nicht später hätte bereuen lassen ... Wenn nicht alles, was ich gelesen und selbst beobachtet habe, mich täuscht, dann ist ein Gutteil dessen,

Ein Bild wachsender Selbststilisierung, als werde der Namenszug langsam vom Schmuck der Zierlinien und Schnörkel überwuchert: dreimal die Unterschrift des Königs

was man für ›Verrücktheit‹ erklärt, in Wirklichkeit Überempfindlichkeit. Es wird oft komisch angedeutet oder sogar offen erklärt, ich sei ein Narr. Vielleicht bin ich es, aber ich zweifle daran. Verrücktheit neigt eher dazu, sich vor sich selbst zu verstecken ... Ich glaube aber, daß ich mich ganz ruhig und vernünftig betrachten kann – selbst diese Behauptung könnte freilich als Zeichen meiner Narrheit ausgelegt werden ... Ich bin einfach anders gestimmt als die Mehrheit meiner Mitmenschen.«

Ein anrührendes Bekenntnis. Wie sonderbar, die eigene Vernünftigkeit zu verteidigen, um sie sogleich selbst wieder in Zweifel zu ziehen. Darin steckt viel Inkommensurables, Vieldeutiges; kann man ihn also auf einfache Umrisse reduzieren?

Erst nachträglich gewann sein Leben, das in mehr als einer Hinsicht ein Doppelleben – als wirklicher bayerischer König und als absolutistischer Wunschmonarch – und vielgesichtiger Maskenzug war, etwas wie Eindeutigkeit: in der Legende, im Bild des Märchenkönigs. Er selber dagegen blieb, was er gewesen war: ein Untergehender in jedem Sinne, dessen Menschlichkeit hinter seinen ästhetischen Posen zu verschwinden droht, aber vielleicht gerade deshalb unsere Anteilnahme herausfordert. Wer könnte sie ihm ernsthaft verweigern?

Friedrich Prinz

wurde 1928 in Tetschen an der Elbe geboren, studierte in Bonn Geschichte, Germanistik und Philosophie und promovierte 1955. Bald nach seiner Habilitation erhielt er 1965 einen Ruf auf den Lehrstuhl für Vergleichende Landesgeschichte an der Universität des Saarlandes, von wo er 1976 an die Münchner Universität berufen wurde. Er ist Verfasser zahlreicher Bücher zur mittelalterlichen und neuzeitlichen Geschichte Europas, Deutschlands, Bayerns und Böhmens. Als wissenschaftlicher Berater wirkte er an mehreren internationalen Ausstellungen mit, außerdem ist er Autor einer Filmserie zur Frühgeschichte des europäischen Mönchtums. Seine wichtigsten Veröffentlichungen sind: Frühes Mönchtum im Frankenreich, 1965; Askese und Kultur, 1980; Gestalten und Wege bayerischer Geschichte, 1982; Böhmen im mittelalterlichen Europa, 1984; Grundlagen und Anfänge – Deutschland bis 1056, 1985; Bayerische Miniaturen, 1988.

Abbildungsverzeichnis:
Historia-Photo: 37, 41, 49, 75
Archiv für Kunst und Geschichte: 85, 93
Bildarchiv Preußischer Kulturbesitz: 11, 33

Die Deutsche Bibliothek – CIP-Einheitsaufnahme

Prinz, Friedrich: Ludwig II.: Ein königliches Doppelleben / Friedrich Prinz. – 1. Auflage. –
Berlin: Siedler, 1993 (Corso bei Siedler)
ISBN 3-88680-437-2

Der Siedler Verlag ist ein gemeinsames Unternehmen der Verlagsgruppe Bertelsmann und von Wolf Jobst Siedler.

Typographie: Hans Peter Willberg, Eppstein
Satz: Bongé + Partner, Berlin
Reproduktionen: Rembert Faesser, Berlin
Druck und Buchbinderei: Clausen & Bosse, Leck
Printed in Germany 1993
ISBN 3-88680-437-2